DROEMER

Von Hamed Abdel-Samad sind bereits folgende Titel erschienen:

Integration. Ein Protokoll des Scheiterns
Ist der Islam noch zu retten? Eine Streitschrift in 95 Thesen
Mohamed. Eine Abrechnung

Über den Autor:

Hamed Abdel-Samad, geboren 1972 bei Kairo, studierte Englisch, Französisch, Japanisch und Politik. Er arbeitete für die UNESCO, am Lehrstuhl für Islamwissenschaft der Universität Erfurt und am Institut für Jüdische Geschichte und Kultur der Universität München. Abdel-Samad ist Mitglied der Deutschen Islam Konferenz und zählt zu den profiliertesten islamischen Intellektuellen im deutschsprachigen Raum.

Hamed Abdel-Samad

Der Koran

Botschaft der Liebe
Botschaft des Hasses

DROEMER

Besuchen Sie uns im Internet:
www.droemer-knaur.de

FSC
www.fsc.org
MIX
Papier aus verantwortungsvollen Quellen
FSC® C083411

Überarbeitete Taschenbuchausgabe Oktober 2018
Droemer Taschenbuch

Ein Imprint der Verlagsgruppe
Droemer Knaur GmbH & Co. KG, München

Covergestaltung: ZERO Werbeagentur GmbH, München
Satz: Adobe InDesign im Verlag
Druck und Bindung: CPI books GmbH, Leck
ISBN 978-3-426-30126-5

5 4 3 2 1

Für meinen Vater, der mir als Kind den Koran beibrachte. Meine ersten kritischen Teenager-Fragen zum heiligen Buch der Muslime wies er verärgert zurück. Doch später, als Erwachsener, führte ich heftige, aber respektvolle Debatten mit ihm darüber, ob der Koran tatsächlich das direkte Wort Gottes sei. Als die Fundamentalisten in Ägypten ihn dazu drängen wollten, mich und meine Thesen im Fernsehen offen zu kritisieren, lehnte er ab, obwohl er als Imam massiv unter Druck stand. Leider kann ich mit ihm die Inhalte dieses Buches nicht mehr diskutieren. Mein Vater ist vor einigen Monaten verstorben.

Inhalt

Einführung

Ist Ihnen das auch schon einmal passiert? Sie verfolgen im Fernsehen eine Diskussion zwischen einem Islamkritiker und einem gläubigen Muslim über das Gewaltpotenzial im Koran und können am Ende nicht beurteilen, wer von beiden recht hat? Der eine zitiert Passagen, die Gewalt gegen Andersgläubige, Ungläubige und Frauen befürworten; und der andere zitiert Passagen, die für Vielfalt, Nächstenliebe und Vergebung werben.

Dass Sie keine klare Position einnehmen können, liegt nicht an Ihnen, auch nicht am Moderator/an der Moderatorin oder den geladenen Gästen. Oft verlaufen solche Diskussionen einfach im Sande, hebt eine Aussage die andere auf. Das liegt zum einen daran, dass der Koran tatsächlich beide Botschaften beinhaltet: Die Botschaft der Liebe ebenso wie die Botschaft des Hasses. Und zum anderen kennen häufig weder der Moderator/die Moderatorin noch die Zuhörer der Diskussion die Passagen, auf die sich die widerstreitenden Parteien berufen, geschweige denn ihren Kontext. Und so bleibt man schließlich verwirrt und etwas ratlos auf dem Sofa zurück, sofern man nicht über ein solides Grundwissen zum Thema Islam, Koran und dessen verschiedene Auslegungsrichtungen verfügt.

Wer sich schon einmal mit der Entstehungsgeschichte des Korans beschäftigt hat, wird wissen, dass der Koran in eine mekkanische und eine medinensische Phase unterteilt wird und dass erstere die friedlichen Verse und letztere die Gewaltpassagen hervorgebracht hat. Doch diese Unterteilung in Schwarz und Weiß stimmt so nicht ganz. Zwar finden sich in der mekkanischen Zeit keine Verse, die zum bewaffneten Kampf gegen die Ungläubigen aufrufen, doch sind viele Verse aus dieser Phase durchaus hasserfüllt und ausgrenzend. Gleichermaßen finden sich in den medinensischen Suren, die vor allem für ihre Dschihad-Passagen bekannt sind, auch Verse, die für Glaubensfreiheit und ein friedliches Zusammenleben unterschiedlicher Völker werben.

Welche Passagen aber haben nun Geltung? Und wie kam es überhaupt zu dieser Ambivalenz? Ein Problem, mit dem sich schon die ersten Koranexegeten und Theologen herumschlugen. Sie behalfen sich kurzerhand mit dem Verweis auf das Prinzip der »Abrogation« und sprachen davon, dass später entstandene Passagen des Korans frühere Verse ungültig machten.

Die gesamte islamische Eroberungsgeschichte, die mit Mohameds Kontrolle über Arabien begann und erst mit dem Niedergang des Osmanischen Reiches im 20. Jahrhundert zu Ende ging, bezieht ihre Legitimation denn auch aus den Medina-Phasen des Korans. Expansionsstreben, Unterdrückung und Verfolgung von Ungläubigen im Namen Allahs – all das lässt sich in bestimmten Versen des Korans finden. Nach dem Prinzip der Abrogation würden die medinensischen Suren das aufheben, was etwa in Mekka an Nächstenliebe und Toleranz offenbart wurde.

Eine problematische Sichtweise. Der Koran gilt eigentlich als Wort Gottes, allen Suren käme demnach eine überzeitliche, ethische Bedeutung zu. Wenn Allah gewollt hätte, dass frühere Offenbarungen ad acta gelegt werden sollen, warum hat er das nicht klar formuliert? Eine ketzerische Frage – Reformer wie der Sudanese Mahmoud Mohamed Taha (* 1909 oder 1911) wurden für eine abweichende Sichtweise genauso bestraft wie Ketzer im Mittelalter der christlichen Welt. Taha betrachtete die Suren der Medina-Phase lediglich als eine Reaktion auf politische und militärische Entwicklungen der damaligen Zeit, die keineswegs vorher Offenbartes aushebelten. Deshalb hielt er auch die Scharia-Gesetze, die sich auf die Medina-Passagen berufen, für nicht mehr zeitgemäß. Taha wollte eine Renaissance des »Geistes von Mekka« herbeiführen, einer Phase, in der der Koran eher allgemeine Prinzipien mitteilte und keine konkreten Handlungsanweisungen anbot. Er wurde Mitte der Achtzigerjahre in Khartum wegen seiner umstrittenen Islam-Thesen hingerichtet.

Meiner Meinung nach liefern weder die Mekka- noch die Medina-Passagen ein moralisch legitimiertes Handlungssystem für moderne Muslime. Nicht etwa, weil ich dem Koran ethische Prinzipien absprechen würde – ganz im Gegenteil. Sondern aus folgendem Grund: Wenn die einst als unumstößlich offenbarten Prinzipien teils schon innerhalb der 23 Jahre andauernden Phase von Mohameds Wirken als Prophet obsolet waren, wie können sich Muslime dann 14 Jahrhunderte später noch darauf berufen? Zumal wenn man in Betracht zieht, dass sich die Lebensumstände des Propheten, der die Offenbarungen empfangen hat, in dieser Phase fundamental geändert haben.
Daher kann Koranexegese erst Früchte tragen, wenn man sich von der Macht des Textes als ewiges und allgemeingültiges Wort Gottes emanzipiert hat. Gott kann weder an eine Zeit noch an einen Kontext gebunden werden. Menschen, ihre Worte und Taten aber sehr wohl. Exegese ohne Textkritik und ohne eine zeitliche Einordnung macht deshalb keinen Sinn.

Eine solche Kontextualisierung ist allerdings nur möglich, wenn wir den Koran als ein menschliches Buch betrachten, das die Entwicklung einer Glaubensgemeinschaft über 23 Jahre protokolliert. In Mekka war diese Gemeinschaft noch schwach und unterdrückt, sie hatte keine Möglichkeit zu bewaffnetem Widerstand, musste sich eher arrangieren. Anders war die Situation in Medina, wo die muslimischen Einwanderer unter Mohameds Führung eine starke Armee aufbauten und mehrere erfolgreiche Kriege führten. Dort kam es zu jenem Paradigmenwechsel in Bezug auf Gewaltanwendung – nicht zuletzt deshalb, weil diese Gemeinschaft fast ausschließlich von Kriegsbeute und dem Freikauf von Gefangenen lebte.
Diese Entwicklung spiegelt sich im Koran wieder: Vor allem Suren aus der späteren Zeit in Medina sind sehr gewaltverherrlichend.

Was ist der Koran?

Das Wort *qur'an* auf Arabisch bedeutet »Rezitation« und geht zurück auf das syrische Wort *qiryan;* damit wurde ein Liturgiebuch bezeichnet, das die syrischen Christen zu Mohameds Zeit in der Kirche für ihre Gebete benutzt hatten. Das heilige Buch der Muslime besteht aus 114 Suren, die unterschiedlich lang sind. Die längste Sure des Korans ist Sure 2 mit 286 Versen. Die kürzeste (Sure 108) umfasst nur drei Verse. Die Suren-Nummerierung folgt keiner linearen Chronologie, sie hat nichts mit dem Zeitpunkt ihrer Offenbarung zu tun, sondern mit einer Einordnung, die der dritte Kalif 'Uthmān (Regentschaft von 644 bis 656) veranlasst hatte. Er hatte verfügt, dass die Suren mit einigen Ausnahmen der Länge nach aneinandergereiht werden sollten. Daher trägt die erste Sure, die offenbart wurde, in der offiziellen Koran-Version die Nummer 96. Und die als letzte offenbarte Sure findet sich an neunter Stelle.

Die Suren wurden Mohamed mündlich offenbart, der Prophet verbreitete das Wort, das genau wie die biographischen Erzählungen aus seinem Leben verbal unter seinen Anhängern weitergegeben wurde. Schriftliche Aufzeichnungen gab es nicht. Fast zwei Jahrzehnte nach dem Tod Mohameds waren viele, die den Koran und die außerkoranischen Äußerungen des Propheten (die Hadithe) noch aus erster Hand und auswendig kannten, gestorben. Schon im Laufe der Zeit waren die mündlichen Überlieferungen ergänzt und ausgeschmückt worden, sodass es schwierig war, den »Kerntext« freizuschälen, zwischen Legenden und wahrhaftiger Erzählung zu unterscheiden.

Hinzu kam, dass Mohamed keine Nachfolgeregelung getroffen hatte, sodass nach seinem Tod verschiedene Gruppen um die Vormachtstellung kämpften. Der Machtkampf zwischen den Fraktionen entbrannte bereits am 8. Juni 632, also an jenem Tag, an dem Mohamed laut muslimischen Historiographen überraschend verstarb. Jede Partei beanspruchte für sich nicht nur das Recht auf die Führung der Muslime, sondern auch die Deutungshoheit über Mohameds Vermächtnis, was letztlich zu einem Schisma, zur Spaltung der Muslime in Sunniten und Schiiten, führte. Die Schiiten beharren bis heute darauf, dass der Herrscher in direkter Linie aus dem Hause des Propheten stammen muss. Die Sunniten – sie stellen die Mehrheit der Gläubigen – erkennen dagegen drei Varianten für dessen Ernennung an: die Wahl durch Konsens der Gläubigen, die Übernahme der Macht durch Krieg oder die Erbfolgeregelung innerhalb einer Dynastie.

Man kann sich vorstellen, dass in dieser aufgeladenen Stimmung jede Partei danach trachtete, ihren Machtanspruch zu untermauern und sich als legitimer Nachfolger des Propheten zu inszenieren. Wenn dabei Überzeugungsarbeit – notfalls mit Gewalt – nicht ausreichte, musste man zu anderen Mitteln greifen. Was wäre da naheliegender, als das Wort des Propheten zu nutzen?

'Uthmān erteilte den Auftrag, die fragmentarischen Erzählungen des Korans zu sammeln, auf Schafshäuten schriftlich festzuhalten und zu einem Ganzen zusammenzufügen. Bis heute gilt es als das größte Verdienst des politisch eher schwachen Führers, jene Sammlung der Koran-Suren zum Abschluss gebracht zu haben, die die Basis lieferte für den offiziellen Koran, der uns heute zur Verfügung steht. Es ist nicht auszuschließen, dass Teile des Korans in dieser Phase verloren gegangen sind oder absichtlich nicht erfasst wurden. Der Kalif selbst ordnete an, sämtliche bis dahin kursierende und abweichende Versionen zu verbrennen. Wie die von ihm abgesegnete Originalfassung aussah, auch das lässt sich heute nicht mehr sagen. Nur spätere Versionen sind in unterschiedlichen Museen der Welt in Vitrinen zu sehen. Diese späteren Versionen wiederum waren letztlich auch Menschenwerk – redaktionelle Eingriffe, um die eigene Macht abzusichern, sind nicht auszuschließen.

Jeder gläubige Muslim geht indes davon aus, dass der Koran Mohamed direkt von Gott durch den Erzengel Gabriel offenbart wurde. Im Koran selbst steht kaum etwas über das Zustandekommen oder den Ort dieser Offenbarung. Nur in Sure 27 spricht Allah zum Propheten:

»Und siehe, wahrlich, du empfingst den Koran von einem Weisen, einem Wissenden.« (Sure 27:6)

Genaueres erfahren wir aus der Biographie Mohameds, die erst 130 Jahre nach seinem Tod verfasst wurde, sowie aus der anerkannten Hadith-Sammlung von Sahīh al-Bukhāri.[1] Dort lesen wir, dass sich Mohamed im Alter von vierzig Jahren in eine Höhle außerhalb der Stadt Mekka zurückgezogen habe, um zu meditieren. Darüber sei er eingeschlafen und hochgeschreckt, als ihn jemand packte, würgte und ihm befahl: »Trag vor!« Mohamed antwortete: »Ich kann nicht lesen.« Der Mann griff Mohamed erneut am Kragen und wiederholte noch zweimal: »Trag vor!« Als Mohamed erneut bekundete, dazu sei er nicht in der Lage, gab sich der Mann als Erzengel Gabriel zu erkennen und trug die erste Sure des Korans vor:

»Trag vor (rezitiere) im Namen deines Herrn, der erschuf, erschuf den Menschen aus geronnenem Blut.«

Diese drei Verse bilden den Anfang von Sure 96. Über den Zeitraum dieser Offenbarung steht nichts im Koran. In Sure 2 findet sich lediglich ein vager Hinweis:

»Der Monat Ramadan, in welchem der Koran herabgesandt wurde als eine Leitung für die Menschen und als Zeugnis der Leitung und Unterscheidung.« (Sure 2:185)

Wieder sind es die außerkoranischen Quellen, die Genaueres berichten. Nämlich, dass der Koran nicht in einem Monat, sondern über einen Zeitraum von 23 Jahren offenbart wurde, und zwar zwischen 610 und 632 in den beiden Städ-

ten Mekka und Medina. Genau in jenen beiden Orten, in denen Mohamed wirkte, und genau in jener Zeit, als er seine Gemeinde zu formen suchte. Dazu gleich mehr.
Der Koran erzählt weder die Geschichte Mohameds noch die Geschichte der Welt. Seine Suren folgen keinen thematischen oder narrativen Strukturen. Sogar die Prophetengeschichten werden im Koran nicht wie etwa in der Bibel als Erzählungen mit Anfang, Höhepunkt und Ende geschildert, sondern nur als Momentaufnahmen. Thematisch lässt sich der Koran allerdings unterteilen, wobei die einzelnen Aspekte nicht zusammenhängen, sondern auf unterschiedliche Suren verteilt sind: Aufruf zum Monotheismus, Gebote und Verbote, Warnung vor der Hölle, Beschreibung des Paradieses, Debatten mit Juden und Christen, Kriegsprotokolle, Prophetengeschichten, Gleichnisse.
Neben dieser thematischen Unterteilung wird häufig eine zeitlich-räumliche vorgenommen: Hier die in Mekka offenbarten Suren, als die Gemeinde Mohameds noch schwach und im Aufbau befindlich war, dort die in Medina offenbarten, die von einem deutlich schärferen Ton geprägt sind und sich an eine Gemeinde richteten, die ihre Macht sichern und ausbauen wollte. Insofern lässt sich der Koran nicht von der Person Mohameds und den Anforderungen trennen, denen er in den Jahren seines Wirkens gegenüberstand.

Die verschiedenen Phasen des Korans

Sehen wir uns die zeitliche (Mekka/Medina) und die thematische Einteilung etwas genauer an:

1. Die Phase der Selbstvorstellung

Die ersten kurzen Suren entstehen, der Koran präsentiert sich poetisch, meditativ und eher neutral. Die Idee des Monotheismus und die Konzepte von Himmel und Hölle werden zurückhaltend eingeführt. Hier hatte Mohamed nur den Anspruch, als Prophet gehört und anerkannt zu werden.

2. Die Phase der Annäherung an die Araber

Der Koran gibt sich mild und einladend. Die Idee des Monotheismus steht zwar im Mittelpunkt der Passagen, doch er wird nicht über den Polytheismus oder den Paganismus gestellt, dem die anderen Bewohner Mekkas anhängen. Im Koran finden sich in dieser Phase keine dahin gehenden, abfälligen Äußerungen. Es ist auch die Zeit der Selbstverteidigung, in der Mohamed damit beschäftigt ist, den Vorwurf zu entkräften, er würde lügen oder habe den Koran abgeschrieben und aus alten Mythen zusammengesetzt.

3. Die Phase des Traditionsbruchs

Nachdem Mohamed feststellen musste, dass die Mekkaner seine Botschaft nicht ernst nehmen, wechselt er den Ton und geht mit ihnen und ihren Göttern hart ins Gericht. Diese Phase ist von einer starken Polemik gegen die Ungläubigen geprägt, wenngleich hier noch keine expliziten Aufrufe zum bewaffneten Kampf ergehen. Gleichwohl beginnt die Saat des Hasses und der Gewalt zu keimen und langsam im muslimischen Bewusstsein aufzugehen. Denn wer die anderen als Ungläubige bezeichnet, die ewig in der Hölle schmoren werden, reißt letztlich alle Brücken zum Dialog ein. Bei der Ausgrenzung und Abwertung kann man sich auf Allah selbst berufen: Wenn Gott die Ungläubigen hasste und vorhatte, sie zu bestrafen, warum sollte ein gläubiger Muslim sie dann als Mitmenschen anerkennen?

4. Die Phase der Ent-Arabisierung des Islam

Da auch die Änderung des Tonfalls der Gemeinde wenig neue Anhänger beschert, zieht Mohamed enttäuscht von Mekka nach Medina. Dort sucht er zunächst die Nähe zu den in der Stadt ansässigen Juden, von denen er sich Anerkennung und Unterstützung erhofft. In dieser früheren Medina-Phase fließen viele jüdische Erzählungen und Rituale in den Koran ein, es entstehen Passagen, die das Zusammenleben der Religionen preisen und die Juden als »Leute des Buches« ehren. Auch den Christen gegenüber ist der Koran in dieser Phase relativ tolerant gesinnt.

5. Die Re-Arabisierungsphase

Mohamed wendet sich von den Juden ab, weil diese weder seine Botschaft anerkennen noch ihn und seine erstarkte Gemeinde bei militärischen Aktionen gegen die Mekkaner unterstützen wollen. Zunehmend betrachtet er die Juden als politische und theologische Konkurrenten, der Ton des Korans wird schärfer: Aus den einst geachteten Nachfolgern der Botschaft Gottes werden Lügner, »Verfälscher des Buches« und sogar Nachfahren von Affen und Schweinen. Parallel zur Abwertung der Juden erfolgt für eine kurze Zeit sogar eine Aufwertung der Christen und ihres Glaubens. Doch diese währt nicht lange. Hatte der Koran in früheren Phasen noch klar zwischen Ungläubigen einerseits und Juden und

Christen andererseits unterschieden, werden nun alle Andersgläubigen als Ungläubige bezeichnet.

6. Die Phase der Säuberung

Das Konzept eines multireligiösen Medina scheitert an Mohameds politischen und wirtschaftlichen Ambitionen. Seine Abgrenzung vor allem von den Juden bleibt nicht bei der Polemik. Er geht militärisch gegen sie vor und zwingt sie, einen Stamm nach dem anderen, Medina zu verlassen. Er verübt ein Massaker am Stamm der Banū Quraiza, ein Pogrom, das auch Signalwirkung für die Araber in der Region haben sollte. Der Koran dokumentiert und legitimiert die Vertreibung von und die Gewalt gegen die Juden.

7. Die Phase des »totalen Krieges«

Die letzten Suren des Korans rufen zum »totalen Krieg« gegen alle Ungläubigen auf. Legitimierte der Koran in der frühen Medina-Phase nur einen Selbstverteidigungskrieg, der an eine bestimmte Kriegsethik gebunden war, fordern die letzten Suren des Korans (vor allem Sure 9) die Gläubigen explizit dazu auf, alle Ungläubigen zu töten. Mekka wird zurückerobert, alle Gottheiten der Araber vor der Kaaba werden zerstört. Alte Friedensverträge werden per Koran-Suren gekündigt. Die noch verbliebenen Stämme auf der arabischen Halbinsel – darunter auch die christlichen – sollen in Angst und Schrecken versetzt werden.

Betrachtet man diese Einteilung in verschiedene Phasen, erkennt man, dass der Koran direkt auf die politischen Verhältnisse der Zeit reagiert und untrennbar mit Mohameds Situation als geistiger und politischer Führer verbunden ist. Zu Lebzeiten des Propheten war der mündlich überlieferte

Koran ein »offenes Buch«, ein kommunikativer Text, der auf die Ereignisse und Erfordernisse seiner Zeit antwortete. Das erkennt man auch daran, dass mehrfach Positionen korrigiert bzw. modifiziert werden, je nach Situation.

Erst Jahrzehnte nach dem Tod des Propheten wurde der Koran als kanonischer Text geheiligt und zur Grundlage auch politischen und juristischen Handelns. Je länger sich die Muslime von der Zeit des Propheten entfernten, desto unantastbarer wurde der Koran. Die Vorstellung, dass es sich um das »letzte Buch Gottes« handelte, um sein Manifest an die Menschheit, verlieh dem Text eine absolutistische Note und verschaffte ihm Immunität gegen Kritik oder Anpassung an die sich wandelnden Zeiten.

Die Herrscher, die nach Mohamed regierten, suchten nach Legitimation für ihre Macht und für ihre Eroberungszüge und fanden im Koran die perfekte Vorlage dafür. Die Gläubigen brauchten moralische und spirituelle Unterstützung und fanden im Korantext Orientierung. Doch weil der Koran in sich häufig vage und widersprüchlich ist, bedurfte es über die Jahrzehnte immer wieder Gelehrter, die den Text interpretierten und ihn in den entsprechenden Kontext setzten. Diese Kontextualisierung endete allerdings vor rund tausend Jahren. Es war die Zeit, als die vier islamischen Rechtsschulen bereits begründet waren, aber dennoch zahlreiche Interpretationen des Korans kursierten. Diesen beliebigen Auslegungen wollte man einen Riegel vorschieben: Die Gelehrten der vier Rechtsschulen einigten sich darauf, dass allein ihre Auslegungen des Korans und der Hadithe sowie ihre Werke zur Koranexegese gelten sollten. Die Tür zu anderen Interpretationen war damit geschlossen. Von da an betrachteten die Gelehrten den Text als ein perfektes, in sich geschlossenes Manifest, das jenseits von Zeit und

Raum allgemeingültig ist. Dies führte zu einer geistigen Erstarrung, die bis heute fatale Konsequenzen für das islamische Denken und die muslimischen Gesellschaften hat. Umso dringlicher wäre eine Re-Kontextualisierung des Korans notwendig.

Eine kritische Auseinandersetzung mit dem Koran kann indes nur gelingen, wenn man die Schrift nicht als allumfassendes, letztgültiges Wort Allahs betrachtet, sondern »vermenschlicht«. Denn nicht der Text als solcher ist das Problem, sondern sein Stellenwert als das direkte unveränderbare Wort Gottes. Anders als die jüdischen und christlichen heiligen Texte, die zwar als Offenbarungen gelten, die aber von Menschen niedergeschrieben wurden und durch die Sprache und Deutung dieser Menschen auch beeinflusst wurden, gilt der Koran allen gläubigen Muslimen als ein »ewiges Buch«, das schon seit Beginn der Schöpfung in der gleichen Sprache und mit dem gleichen Inhalt bei Gott aufbewahrt war. Schon im Korantext selbst verspricht Gott, dieses Buch vor Veränderung zu schützen. Damit wäre dann aber auch das Prinzip der Abrogation ein fragwürdiges Mittel. Gleichzeitig macht diese Unveränderbarkeit die Anpassung des Korans an das moderne Leben bzw. eine zeitgemäße Auslegung so schwierig, denn wer wollte es wagen, nach 1400 Jahren zu behaupten, er wisse, was Gott in seinem Text wirklich sagen wollte?

Der Koran ist ein sehr vielschichtiges, komplexes und in sich widersprüchliches Buch. Es ist ein bisschen wie in einem großen Supermarkt, man findet dort fast alles: Mitgefühl und Hass; Frieden und Gewalt; Toleranz und Intoleranz; Vergebung und Rache; Zusammenleben und Vertreibung von Andersgläubigen. Jeder, der den Koran genauer liest, wird die klaren Widersprüche erkennen zwischen den

Versen, die zu Vergebung und Mitgefühl aufrufen, und jenen, die die Gläubigen zu Greueltaten und Kriegszügen gegen die Ungläubigen aufrufen.

Wenn moderate Muslime heute – auch in Abgrenzung zu Islamisten – das Toleranzpotenzial des Korans betonen und den Islam als Religion des Friedens skizzieren wollen, stützen sie sich eher auf die frühen Suren aus der mekkanischen Phase. Radikale Fundamentalisten, die Gewalt und Aggression gegen Andersgläubige zu rechtfertigen suchen, werden eher Verse aus der Zeit von Medina zitieren. Liberale wie Radikale halten dabei der Gegenseite vor, sich jeweils nur die Textzeilen herauszupicken, die ihre jeweilige Position unterstützen.

Und wie bei der eingangs erwähnten Fernsehsendung kann so etwas nicht in einem fruchtbaren, wirklichen Dialog enden, sondern lediglich in einem Schachmatt.

Viele Kritiker und Befürworter des Islam verstehen diese divergierenden Passagen nicht als Spiegel ihrer Entstehungszeit. Nicht als Reaktion auf bestimmte Situationen im 7. Jahrhundert, sondern als eine Richtlinie und Handlungsaufforderung für alle Zeiten. Denn der Sprecher ist Gott höchstpersönlich, und der Koran ist sein endgültiges Manifest an die Menschheit. Deshalb fällt es ihnen schwer, den Koran in seinem historischen Kontext zu verstehen; zumal viele konservative Muslime meinen, Allah brauche keinen Kontext, um zu sprechen, denn er ist zeitlos und seine Worte sind nicht an einen Ort oder an eine Situation gebunden. Das ist Legitimation und Verpflichtung zugleich, den Worten des Korans zu folgen.

Ich möchte in diesem Buch versuchen, die widersprüchlichen Passagen des Korans zum Menschen- und Gottesbild, zu Strafe und Belohnung, zu Krieg und Frieden, zu Juden-

und Christentum sowie zum Bild der Frau in den Kontext ihrer Entstehung zu setzen. Ich möchte zeigen, dass der Koran die Entwicklung einer Gemeinde über 23 Jahre beschreibt, die friedlich war, als sie keine Macht und keine Waffen besaß, und gewalttätig wurde, als sie über militärisches Potenzial verfügte. Allein wenn man sich das vor Augen hält, wird klar, dass der Koran um Themen und Probleme kreist, die für die Menschen im 7. Jahrhundert relevant waren. Als moralische Orientierungshilfe für Menschen im 21. Jahrhundert kann er nur sehr bedingt dienen. Nicht eine zeitgemäße Interpretation des Korans kann daher die Lösung sein, sondern eine Emanzipation von der unantastbaren Göttlichkeit des Textes.

Kapitel 1
Der Koran über den Menschen

Im Koran gibt es – wie wir später noch genauer sehen werden – nicht nur widersprüchliche Passagen zu Frieden und Gewalt, es existieren auch unterschiedliche Gottes- und unterschiedliche Menschenbilder: Es gibt einen barmherzigen Gott, der den Menschen schätzt und an ihn glaubt, seine Schöpfung hochhält und für gut erachtet. Und es gibt einen enttäuschten, zürnenden Gott, der den Menschen als gescheitertes Projekt ansieht und ihn ständig verflucht.
Sehen wir uns zunächst an, wie es laut Koran überhaupt dazu kam, dass Gott dem Menschen als Teil seiner Schöpfung Leben einhauchte: Die Geschichte der Erschaffung Adams, des ersten Menschen, ähnelt in großen Teilen der des Alten Testaments. Nur in einem entscheidenden Detail weicht der Text von der Bibel ab. Im Koran ruft Gott die Engel zu sich und verkündet ihnen, dass er ein neues Geschöpf erschaffen wolle:

> »Und als dein Herr zu den Engeln sprach: ›Siehe, ich will auf der Erde einen Nachfolger *(chalif)* einsetzen‹, da sprachen sie: ›Willst du auf ihr einen einsetzen, der auf ihr Verderben anstiftet und Blut vergießt? Und wir verkünden dein Lob und heiligen dich.‹ Er sprach: ›Siehe, ich weiß, was ihr nicht wisset.‹« (Sure 2:30)

Gott würdigt und ehrt seine neue Schöpfung

Adam wird also schon vor seiner Erschaffung als Nachfolger Gottes beschrieben, als eine Art Stellvertreter auf Erden. Das zeigt, dass Gott diesen Menschen ehrt und Großes mit ihm vorhat. Den Protest der Engel wischt er beiseite, deren Befürchtung, der Mensch werde womöglich Unheil und Blutvergießen bringen, hält ihn nicht von seiner Entscheidung ab. Gott glaubt an seine neue Schöpfung und lässt die Engel später sogar vor Adam niederknien, als Zeichen der Ehrerbietung, das normalerweise nur Gott selbst zusteht:

> »Und wahrlich, wir gaben euch auf der Erde eine Stätte und gaben euch auf ihr den Lebensunterhalt. – Wie wenig seid ihr dankbar! Und wahrlich, wir erschufen euch; alsdann bildeten wir euch; alsdann sprachen wir zu den Engeln: ›Werfet euch nieder vor Adam!‹ Und nieder warfen sie sich außer *Iblis* (Satan); nicht gehörte er zu denen, die sich niederwarfen.« (Sure 7:10-11)

In einem weiteren Vers verkündet Allah, dass er nicht nur Adam als ersten Menschen über den Rest der Schöpfung hervorzuheben gedenkt, sondern dass dies auch für Adams Nachfahren gelte:

> »Und wahrlich, wir zeichneten die Kinder Adams aus und trugen sie zu Land und Meer und versorgten sie mit guten Dingen und bevorzugten sie hoch vor vielen unsrer Geschöpfe.« (Sure 17:70)

Mit welchen guten Dingen Allah die Menschen bedachte, was er alles für seine neue Schöpfung getan hat, ist etwas weiter vorne in der gleichen Sure aufgelistet:

> »Allah ist's, der die Himmel und die Erde erschuf, und er sendet vom Himmel Wasser hernieder und lockt durch dasselbe Früchte hervor zu eurer Versorgung. Und er hat euch dienstbar gemacht die Schiffe, dass sie auf seinen Befehl das Meer durcheilen. Und dienstbar machte er euch die Flüsse; und er machte euch dienstbar die Sonne und den Mond in rastlosem Wandel. Und dienstbar machte er euch die Nacht und den Tag. Und er gibt euch von allem, um was ihr ihn bittet, und so ihr aufzählen wolltet die Gnadenerweisungen Allahs, ihr könntet sie nicht berechnen.« (Sure 14:32-34)

Ein großzügiger Gott also, der gibt, worum immer ihn der Mensch bittet, ohne Bedingungen zu stellen? Diesen Eindruck könnte man bekommen, würde nicht der folgende Satz den Vers abschließen:

> »Siehe, der Mensch ist wahrlich ungerecht und undankbar.« (Sure 14:33-34)

Der letzte Satz irritiert: Es ist merkwürdig, dass Gott, der den Menschen schließlich so, wie er ist, erschaffen hat – in seiner ganzen Abhängigkeit von Wasser, Nahrung, Licht und Wärme –, von diesem Dankbarkeit dafür erwartet, dass er ihm Wasser, Nahrung, Licht und Wärme zur Verfügung stellt. Die Abhängigkeit von diesen essenziellen Dingen, die dem Menschen das Überleben erst möglich machen, kann man ihm eigentlich nicht anlasten. Hätte Gott ein völlig autarkes Wesen erschaffen wollen, hätte er das eigentlich tun können. Stattdessen erschafft er ein Wesen, das auf seine Gaben angewiesen ist. Entweder handelt es sich hier um einen »Konstruktionsfehler«, oder es war Gottes Kalkül, sich durch die Abhängigkeit des Menschen dessen ewige Dankbarkeit und Gefolgschaft zu sichern.

Aus Sure 21:37 könnte man Ersteres herauslesen, denn hier klagt Allah darüber, er habe den Menschen »übereilt« erschaffen. Doch gedrängt dazu dürfte ihn niemand haben, zumal die Einwände der Engel auch dazu hätten führen können, dass er einen Moment innehält und seine Schöpfung überdenkt. Näher liegt daher aus meiner Sicht eher die zweite Lesart: In dem Moment, wo sich Gott entschließt, den Menschen in ein Abhängigkeitsverhältnis »zu entlassen«, kann er Forderungen an ihn stellen. Er kann zum Beispiel damit drohen, ihm den Versorgungshahn zuzudrehen, wenn der Mensch diese oder jene Aufgabe nicht erfüllt oder die göttlichen Befehle missachtet.

Dass er um die Unzulänglichkeit seiner neuen Schöpfung wusste, sieht man auch an folgender Stelle: Obwohl Gott allwissend sein müsste, misstraut er der eigenen Schöpfung so sehr, dass er dem Menschen zwei Engel sendet, die zur Rechten und zur Linken auf dessen Schultern sitzen und alles dokumentieren, was dieser sagt oder tut. Eine Art göttlicher Staatssicherheitsdienst sozusagen:

> »Und wahrlich, wir erschufen den Menschen, und wir wissen, was ihm seine Seele einflüstert, denn wir sind ihm näher als die Halsader. Wenn die zwei Begegner (die Engel) sich begegnen, zur Rechten und zur Linken sitzend, wird er kein Wort sprechen, ohne dass bei ihm ein (zur Niederschrift) bereiter Wächter ist.« (Sure 50:16-18)

Gott ist dem Menschen näher als der Mensch sich selbst – und doch mag er ihn nur bewacht über die Erde wandeln lassen. Offenbar fürchtet er, der Mensch könne vom rechten Weg abkommen. Wie dieser Weg nach der Vorstellung Gottes auszusehen hat, ist in Sure 2 zu lesen:

> »Und wenn dich meine Diener nach mir fragen, siehe, so bin ich nahe; ich will antworten dem Ruf des Rufenden, so er mich ruft; doch sollen sie auch auf mich hören und sollen an mich glauben; vielleicht wandeln sie recht.« (Sure 2:186)

Das Wort »vielleicht« macht in diesem Zusammenhang stutzig. Der Glaube an Allah ist Voraussetzung – aber offenbar nicht automatisch Gewähr, dass der Mensch auf dem rechten Weg wandelt. Dazu gleich mehr.

Gott verachtet den Menschen

Sucht man weiter im Koran nach Versen, die den Begriff »Mensch« beinhalten, stellt man fest, dass dieser fast immer negativ besetzt ist. Wie kann es sein, dass Gott, der doch eben noch Großes mit seinen »Nachfolgern« vorhatte, diese nun so schmäht? Hatten die Engel vielleicht recht mit ihren Befürchtungen? Hat der Mensch versagt? Oder war auch dieses Versagen bereits im göttlichen Masterplan vorgesehen?
In Sure 95 heißt es:

> »Wahrlich, wir erschufen den Menschen in schönster Gestalt. Alsdann machten wir ihn wieder zum Niedrigsten der Niedrigen.« (Sure 95:4-5)

An anderer Stelle ist zu lesen, der Mensch sei »wahrlich verloren« (Sure 103:1). In über vierzig Versen im Koran wird der Mensch im Allgemeinen als Lügner, Versager, anmaßend, ungerecht, geizig, arrogant, undankbar usw. bezeichnet. Wäre der Mensch frei in seinen Entscheidungen und seinem Handeln, könnte man die Verärgerung und Wut Gottes darüber verstehen, dass ihm seine Schöpfung so entglitten ist. Der Mensch aber ist nicht frei; welchen Weg er im Leben einschlägt, liegt nicht in seiner Hand. Denn:

> »Er sprach: Meine Strafe, ich treffe mit ihr, wen ich will (…).« (Sure 7:156, erster Teil)

Der Vers beginnt bereits mit einer katastrophalen Aussage: Allah bestraft, *wen er will*. Ein Gedanke, der in zahlreichen Versen des Korans wiederholt wird: Allah weist dem Menschen den richtigen Weg, *sofern* er, Allah, das möchte. Und er führt in die Irre, *wen* er will und *wann* er dies will. Gründe, warum er den einen recht und den anderen irreleitet, liefert der Allmächtige nicht. Es scheint reichlich willkürlich, wen er in welche Richtung schickt. Klar ist nur, welche Richtung aus Gottes Sicht die wahre ist:

> »Und wen Allah leiten will, dem weitet er seine Brust für den Islam, und wen er irreführen will, dem macht er die Brust knapp und eng, als wollte er den Himmel erklimmen. Also straft Allah die Ungläubigen.« (Sure 6:125)

Noch einmal zusammengefasst: Allah erschafft den Menschen, erhebt ihn über die ganze restliche Schöpfung und setzt ihn anschließend wieder auf die niedrigste Stufe herab. Aus dem Kreis der »Niedrigsten der Niedrigen« sucht er sich

anschließend aus, wen er gläubig und wen er ungläubig machen will. Aus dem Kreis der Ungläubigen werden zudem ein paar Auserwählte herausgepickt, die er »recht leitet«. Er drückt auf einen bestimmten Knopf in ihrem Herzen – und schon nehmen sie den Islam an. Den Rest lässt er im Irrglauben verharren, indem er auf einen anderen Knopf drückt, der ihre Herzen enger macht, damit sie nicht glauben.
Was will Allah gleich noch mal? Und wie kann er einen Menschen dafür strafen, dass dieser in einer Form des Unglaubens verharrt, die er sich nicht ausgesucht hat? Die sozusagen »von oben« gesteuert wird? Dass dem so ist, gibt Allah selbst an einer Stelle zu. Er selbst ist es, der den Menschen in die eine oder die andere Richtung lenkt. Nicht etwa dessen sündhaftes Verhalten ist dafür verantwortlich, sondern allein der Schöpfer selbst:

> »Wollt ihr recht leiten, wen Allah irregeführt hat? Und wen Allah irreführt, nimmer findest du für ihn einen Weg.« (Sure 4:88)

Diese Aussage würde im Übrigen auch bedeuten, dass selbst ein reuiger Sünder keine Chance auf Umkehr hat, so Allah dies nicht will.
Die nach göttlichem Plan Irregeleiteten haben ein schweres Los gezogen. Der Allmächtige sendet ihnen sogar Teufel, um sie noch tiefer ins Elend zu stürzen. Allah spricht zu Mohamed:

> »Siehst du nicht, dass wir die Satane wider die Ungläubigen entsenden, um sie anzureizen? Darum beeile dich nicht wider sie; wir haben ihnen nur eine Zahl (von Tagen) zugezählt.« (Sure 19:83)

An anderer Stelle heißt es über die Ungläubigen:

> »Ihre Herzen sind krank, und Allah mehrt ihre Krankheit.« (Sure 2:10)

Man stelle sich einen Patienten vor, der zu einem Arzt geht. Der Arzt hilft ihm nicht, seine Krankheit loszuwerden, sondern bestraft ihn dafür, dass er krank ist, indem er seine Krankheit noch verschlimmert. Man stelle sich des Weiteren vor, dieser Arzt würde anschließend auch noch verlangen, dass man ihn für diese Behandlung »Engel in Weiß« oder »barmherzig« nennt!

Genau diese Barmherzigkeit reklamiert Allah für sich. 113 der 114 Suren des Korans beginnen mit der Formel »Im Namen Allahs des Erbarmers, des Barmherzigen«. Nur Sure 9, mit der bestehende Friedensverträge aufgekündigt werden und den Ungläubigen die Vernichtung erklärt wird, verzichtet auf diese Form der Eröffnung.

Darüber hinaus lädt Allah an 72 Stellen des Korans die Menschen zu Reue ein und beschreibt sich selbst als barmherzig und verzeihend – und zwar immer in dieser Paarung, sowohl in den mekkanischen wie in den medinensischen Suren: In Sure 2 (173, 182, 192, 199, 218, 235), Sure 3 (31, 89, 129, 155), Sure 4 (23, 25, 96, 100, 106, 110, 129, 152), Sure 5 (3, 34, 74, 98, 101), Sure 6 (54, 145, 165), Sure 7 (167), Sure 8 (69, 70), Sure 9 (5, 27, 91, 99, 102), Sure 10 (107), Sure 11 (41), Sure 12 (53, 98), Sure 14 (36), Sure 16 (5, 22, 33, 62), Sure 25 (6, 70), Sure 27 (11), Sure 28 (16), Sure 33 (5, 24, 50, 59, 73), Sure 34 (2), Sure 39 (53), Sure 41 (32), Sure 42 (5), Sure 46 (8), Sure 48 (14), Sure 49 (5, 14), Sure 57 (28), Sure 58 (12), Sure 60 (7, 12), Sure 64 (14), Sure 66 (1) und in Sure 73 (20).

Im Koran steht auch schwarz auf weiß, dass Allahs Barmherzigkeit *alles* umfasst (in der bereits erwähnten Sure 7:156). Viele Muslime zitieren diese Aussage oft und gerne, vernachlässigen dabei aber, was im gleichen Vers davor und danach geschrieben steht. Wenn man den gesamten Vers liest, erkennt man, dass diese Barmherzigkeit nicht etwa allumfassend, sondern sehr stark eingegrenzt und an bestimmte Auflagen gebunden ist:

> »Er sprach: Meine Strafe, ich treffe mit ihr, wen ich will, und meine Barmherzigkeit umfasst alle Dinge. Und wahrlich, verzeichnen will ich sie für jene, die gottesfürchtig sind und die Armenspende zahlen, und für die, welche an unsre Zeichen glauben.« (Sure 7:156)

In einer anderen Sure heißt es:

> »Und dieses Buch, das wir hinabsandten, ist gesegnet. So folget ihm und seid gottesfürchtig, damit ihr Barmherzigkeit findet.« (Sure 6:155)

Nur wer an den Koran glaubt und seinen Befehlen folgt, darf also auf Barmherzigkeit hoffen. Die Aussage, dass Allahs Barmherzigkeit *alles* umfasst, stimmt so demnach nicht. Gleichwohl finden sich muslimische Theologen, die behaupten, Allah sei selbst in seiner Strafe barmherzig, auch wenn er die Ungläubigen in der Hölle schmoren lässt. Auch der Prophet sei immer barmherzig gewesen, selbst als er Ungläubige enthauptete und ihre Frauen als Sexsklaven verschleppen ließ. Deshalb beginnen viele IS-Sprecher ihre Ansprachen oft mit »Lob sei dem Herrn, der seinen Propheten mit dem Schwert der Barmherzigkeit für alle Menschen entsandte!«

Gott achtet nur den, der seinem Wort folgt

Gott hat den Menschen als von ihm abhängiges Wesen geschaffen, das er nach Gutdünken auf den rechten Weg führt, oder auf den falschen. Er sendet ihm Teufel, um ihn noch weiter in die Irre zu führen. Er entscheidet, wann ein Mensch geboren wird, wie sein Leben verlaufen wird und wann es zu Ende sein wird:

> »Und er ist's, der euch das Leben gab; alsdann wird er euch sterben lassen, alsdann wird er euch (wieder) lebendig machen. Siehe, der Mensch ist wahrlich undankbar.« (Sure 22:66)

Das beständige Betonen, wie undankbar der Mensch ist, verwundert. Worin diese Undankbarkeit besteht, wird in vielen Textstellen deutlich.
In Sure 51 nennt Allah den Grund, warum er den Menschen überhaupt erschaffen hat:

> »Und die *Dschinn* (die Dämonen) und die Menschen habe ich nur dazu erschaffen, dass sie mir dienen.« (Sure 51:56)

Offensichtlich ist dieser Plan nicht ganz aufgegangen, denn der Allmächtige räumt in Sure 12 ein:

> »Und die meisten Menschen, wie sehr du es auch begehrst, glauben nicht.« (Sure 12:103)

Die Verzweiflung und Enttäuschung, die aus diesen Zeilen spricht, klingt nicht gerade nach göttlicher Allmacht. War es nicht so, dass Gott in der himmlischen Schaltzentrale sitzt

und wahlweise den einen oder anderen Knopf für Glaube bzw. Unglaube drückt?
Solche Widersprüche ziehen sich durch den gesamten Koran. Sie lassen sich ein Stück weit auflösen, wenn man einen Blick auf Mohamed wirft, den Gesandten Gottes.
Der Prophet war zu jener Zeit damit beschäftigt, seine Gemeinde aufzubauen. Es fehlte ihm an Überzeugungskraft und Einfluss, er war einer von vielen Predigern, die vor der Kaaba in Mekka darum kämpften, Gehör zu finden. Die Bevölkerung schien sich nicht für seine Botschaft zu interessieren, manche ignorierten ihn, andere überzogen ihn mit Spott. In Sure 36 klagt Allah den Menschen denn auch an:

> »Weh über meine Diener! Kein Gesandter kommt zu ihnen, den sie nicht verspotteten.« (Sure 36:30)

Im arabischen Original heißt es *ya hasratan a'lal-ibad,* was bedeutet: »Schade um die Menschen«. *Ya hasra* ist ein sehr menschlicher Begriff und wird nur verwendet, wenn ein Mensch hilflos und verbittert mit seinem Schicksal hadert. Das passt weniger zum allmächtigen Schöpfer, dafür aber sehr gut zu Mohamed, der mit seinem Stamm haderte, weil dieser seine Botschaft ablehnte und sich über den Propheten lustig machte. Dazu passt auch jene bereits erwähnte Sure 103, die den Menschen im Allgemeinen als Versager bezeichnet und zu Geduld und Beharrlichkeit mahnt. Der Vers scheint sich direkt an Mohamed zu richten:

> »Bei dem Nachmittag! Siehe, der Mensch ist wahrlich verloren, außer denen, welche glauben und das Rechte tun und einander zur Wahrheit mahnen und zur Geduld.« (Sure 103:1-3)

Verschiedene Exegeten schreiben, dass die Ausnahme »außer denen, welche glauben und das Rechte tun und einander zur Wahrheit mahnen und zur Geduld« erst sehr viel später offenbart worden sei, nachdem Mohamed endlich erfolgreich eine Gemeinde aufgebaut hatte. Seine Anhänger hätten gegen diese Verallgemeinerung protestiert und sich gekränkt gefühlt, weil der Koran alle Menschen pauschal als »verloren« bezeichnete. Eine ähnliche Ausnahmeregelung findet sich in Sure 95:6. Dort heißt es, denen, »die da glauben und das Rechte tun, denen wird sein unverkürzter Lohn«. Mohamed brauchte Geduld und einen langen Atem, um die Bewohner von Mekka von seiner Stellung als von Gott gesandter Prophet zu überzeugen. In seinen Reden zitierte er immer wieder andere Propheten aus der Geschichte und erzählte davon, welche Wunder sie vollbracht hatten. Natürlich verlangten die Mekkaner von Mohamed Ähnliches – doch er konnte kein einziges Wunder vollbringen. Hinzu kam, dass man ihm nun auch noch vorwarf, er habe seine Botschaft aus alten Mythen und Geschichten zusammengeschustert. Nicht ein neuer, wahrer Glaube werde hier verkündet, sondern ein wirres Sammelsurium.
Für Mohamed muss das ein schwerer Schlag gewesen sein. Als Waisenkind und gesellschaftlicher Außenseiter war er den Menschen gegenüber ohnehin sehr misstrauisch. Jahrelang hatte er gepredigt, sein ganzes Leben in den Dienst der Botschaft Gottes gestellt – ohne nennenswerten Erfolg. Seine Enttäuschung und Verbitterung über die Menschen wuchs. Und genau diese Enttäuschung spiegelt sich im widersprüchlichen Menschenbild des Korans. Der Text gibt immer auch Auskunft über die Psyche und die inneren und äußeren Konflikte des Propheten. Zu Anfang seines Wirkens hat er Großes vor. Er glaubt an die Menschen und dar-

an, dass sie bereit sind, ihm zu folgen. Doch sie verweigern dies, wenden sich ab, sind undankbar.
Weil er seine Wut über die Ignoranz der Menschen nicht wirkungsvoll ausdrücken kann – mit was wollte Mohamed auch drohen? –, wird Gott zu seinem Sprachrohr. Und wie wir gesehen haben, reagiert Gott nicht allmächtig, sondern äußerst menschlich: mit Enttäuschung und Verzweiflung über die missratene Schöpfung.
Aus all den oben zitierten Suren, in denen der Mensch verdammt wird, in denen er des Undanks bezichtig wird und der Lüge und des Verrats, kann man Mohameds Verzweiflung darüber herauslesen, dass er tun konnte, was er wollte, ohne nennenswert auf Gehör zu stoßen. Doch was sollte er dagegen tun?
Gott musste helfen. Im weiteren Verlauf der Offenbarungen bleibt es denn auch nicht bei Enttäuschung und Beschimpfung, es werden schwerere Geschütze aufgefahren: Denen, die nicht hören und der Botschaft folgen wollen, drohen Höllenqualen. Dazu später mehr.
In Sure 55 droht Allah den Menschen und den Dämonen, die er erschaffen hatte, damit sie ihm dienen:

> »Wir werden frei sein für euch, ihr beiden Schweren.« (Sure 55:31)

Die Formulierung »Warte, bis ich frei bin« ist im Arabischen als Drohung sehr üblich. Doch womit mag Allah beschäftigt gewesen sein, dass er keine Zeit hatte zur sofortigen Bestrafung der Menschen? Ruft man sich ins Gedächtnis, wie hilflos Mohamed damals in Mekka agierte, kann man die Drohung in diesem Vers nachvollziehen. Er hatte damals schließlich noch nicht die machtvolle Position, die er später

in Medina einnehmen sollte. Also konnte er nur auf die Zukunft verweisen, in der diejenigen, die ihn und seine Botschaft schmähten, eine gerechte Strafe ereilen würde.
Interessant ist in diesem Zusammenhang übrigens noch ein anderer Aspekt: Als Mohamed von Mekka nach Medina zog, dort eine schlagkräftige Armee aufgebaut hatte und über eine große Gemeinde verfügte, verschwand dieses negative Menschenbild plötzlich aus dem Koran. »Nur« die Feindseligkeit gegenüber den Ungläubigen blieb. Diese aber überließ Mohamed keineswegs der Strafe Gottes im Jenseits, sondern bestrafte sie im Diesseits mit dem Schwert.

Kapitel 2
Der Koran über das Leben

Nicht nur der Mensch kommt im Koran alles in allem eher schlecht weg, sondern das Leben insgesamt. Zumindest das irdische. Der Begriff *al-hayat* (»das Leben«) wird im Koran immer mit dem Attribut »irdisch« versehen; der arabische Begriff dafür *(dunya)* meint »niedrig« oder »bedeutungslos«.

Die folgenden beiden Verse machen deutlich, dass das »wahre Leben« erst im Jenseits wartet – für diejenigen zumindest, die an Allah glauben:

> »Wisset, dass das irdische Leben nur ein Spiel und ein Scherz und ein Schmuck ist und Gegenstand des Rühmens unter euch. Und die Zunahme an Gut und Kindern ist gleich dem Regen, dessen (dadurch bewirkte) Vegetation die Ungläubigen erfreut. Alsdann welkt es, und du siehst es gelb werden. Alsdann zerbröckelt es. Und im Jenseits ist strenge Strafe und Verzeihung von Allah und Wohlgefallen. Und das irdische Leben ist nur ein trugerischer Nießbrauch. Wetteilet miteinander zur Verzeihung eures Herrn und zum Paradies, dessen Breite gleich der Breite des Himmels und der Erde ist, bereitet für diejenigen, welche an Allah und seinen Gesandten glauben. Das ist Allahs Huld, die er gibt, wem er will. Und Allah ist von großer Huld.« (Sure 57:20-21)

> »Und wahrlich, wenn du sie fragst: ›Wer schickt von dem Himmel Wasser hinab und belebt damit die Erde nach ihrem Tode?‹, dann sprechen sie: ›Allah.‹ Sprich: ›Das Lob sei Allah!‹ Jedoch verstehen es die meisten nicht. Und dieses irdische Leben ist nichts als ein Zeitvertreib und ein Spiel, und siehe, die jenseitige Wohnung ist wahrlich das Leben. Wenn sie es doch wüssten!« (Sure 29:63-64)

Nur ein Scherz und Zeitvertreib?

Diese beiden Verse widersprechen klar einem anderen Vers aus Sure 21, in dem es es heißt:

> »Und nicht erschufen wir den Himmel und die Erde und was dazwischen im Scherz. Hätten wir uns ein Spiel bereiten wollen, wir hätten es in uns gefunden, wenn wir solches getan. Vielmehr schleudern wir die Wahrheit wider die Lüge, und sie zerschmettert ihr Haupt, und siehe, da vergeht sie. Weh aber euch für eure Aussagen.« (Sure 21:16-18)

Es ist tatsächlich schwer nachvollziehbar, dass Gott das Leben, das er selbst erschaffen hat, offenbar für »nichts« hält. Noch schwerer zu fassen ist es, dass er sein letztes Buch an die Menschheit – den Koran – in weiten Teilen dazu nutzt, sich so negativ über den Menschen und über das (irdische) Leben im Allgemeinen auszulassen. Diese Art der Abrechnung kann man aber verstehen, wenn man einen Blick auf bestimmte Aspekte in Mohameds Leben in Mekka wirft. Der Prophet war arm und hatte keine Söhne. Die Händler von Mekka hatten Geld und viele Kinder. Sie hatten keine Zeit und wahrscheinlich auch keine Lust, Mohameds Mahnungen zu lauschen. Also konterte er mit Koran-Passagen, die das Leben, das Geld und die Söhne für bedeutungslos, ja sogar zu einem Fluch erklärten:

> »Lass dich deshalb ihr Gut und ihre Kinder nicht wundernehmen. Siehe, Allah will sie damit nur im irdischen Leben strafen, und damit ihre Seelen zugrunde gehen, während sie ungläubig sind.« (Sure 9:55)

Hier ist erneut ein Widerspruch zu finden: Allah der Barmherzige schenkt den Menschen Kinder und Besitz, Wasser und Nahrung, Licht und Wärme, und verlangt dafür Dankbarkeit. Gleichzeitig hat er dem Menschen offenbar all das nur gegeben, um sie damit zu strafen. Das macht aus Allahs Sicht keinen Sinn. Wohl aber aus der Sicht Mohameds: Weil der Prophet lange ein eher asketisches Leben führte (führen musste), wird Besitz kurzerhand für nichtig erklärt.

Als Mohamed schließlich ein mächtiger Fürst in Medina geworden war, der vornehmlich von Kriegsbeute lebte, legte er seine Berührungsängste mit Geld und Besitz denn auch rasch ab. Nun brauchte er Koran-Verse, die die Verteilung der Kriegsbeute sowie das Eintreiben von Almosen- und Kopfsteuern regeln sollten. Praktischerweise wurde ein Vers offenbart, der genau darauf Bezug nimmt:

> »Und wisset, wenn ihr etwas erbeutet, so gehört der fünfte Teil davon Allah und dem Gesandten und (seinen) Verwandten und den Waisen und Armen und dem Sohn des Weges, so ihr an Allah glaubt und an das, was wir auf unsern Diener hinabsandten am Tag der Entscheidung,

> dem Tag der Begegnung der beiden Scharen. Und Allah hat Macht über alle Dinge.« (Sure 8:41)

Vorbei die Zeiten der Entbehrungen und der Askese, die schönen Dinge des Lebens waren auf einmal nicht mehr verpönt:

> »Sprich: Wer hat den Putz Allahs verwehrt, den er erschaffen für seine Diener, und die guten Dinge des Unterhalts?« (Sure 7:32)

Der gleiche Koran, der eben noch das Leben mit all seinen Annehmlichkeiten zu einem trügerischen Genuss erklärte, erlaubt Mohamed und seinen Anhängern plötzlich, »die guten Dinge des Unterhalts« zu genießen. Dazu gehörte auch, mehrere Frauen gleichzeitig zu heiraten, kriegsgefangene Frauen sexuell zu missbrauchen und sich noch weitere Frauen zu nehmen, so sie sich dem Propheten »schenkten«. Allah, der Barmherzige, gibt sie seinem Gesandten, über den er sagt:

> »Und wir entsandten dich nur als eine Barmherzigkeit für alle Welt.« (Sure 21:107)

> »O Prophet, wir erlauben dir deine Gattinnen, denen du ihre Mitgift gabst, und (die Sklavinnen,) die du besitzt von dem, was dir Allah an Beute gab, und die Töchter deines Oheims und deiner Tanten väterlicherseits sowie die Töchter deines Oheims und deiner Tanten mütterlicherseits, die mit dir auswanderten, und jede gläubige Frau, wenn sie sich dem Propheten schenkt, so der Prophet sie zu heiraten begehrt: ein besonderes Privileg für

dich vor den Gläubigen. Wir wissen wohl, was wir für sie verordneten in Betreff ihrer Gattinnen und der Sklavinnen, auf dass du keine Sünde begehst. Und Allah ist verzeihend und barmherzig.« (Sure 33:50)

Ob wohl die Opfer von Mohameds Kriegen und die Frauen, die in seinem Namen versklavt und vergewaltigt wurden, die Botschaft und das Tun des Propheten auch als Barmherzigkeit empfunden haben? Darüber schweigt sich der Koran aus.

Im eben zitierten Vers steckt ein kleiner Satz, der belegt, dass das Privileg der vielen Frauen zunächst Mohamed vorbehalten war, »vor den Gläubigen«. Selbst Mohameds Lieblingsfrau Aischa soll sich kritisch geäußert haben, als sie diesen Vers hörte: »Ich sehe, dass dein Herr dir in deinen Gelüsten entgegenkommt.«[2]
Von seinen Anhängern erwartete Mohamed dagegen auch weiterhin, dass sie sich nicht irdischen Genüssen hingaben, sondern sich selbstlos aufopferten und für seine Sache kämpften. Um sie dafür zu begeistern, musste er sie davon überzeugen, dass nur das Leben im Jenseits das wirkliche Leben sei. Das auf Erden mit all seinen Versuchungen sei nur eine Zwischenstation, ein »Nichts«. Dementsprechend heißt es in Sure 9:

»Siehe, Allah hat von den Gläubigen ihr Leben und ihr Gut für das Paradies erkauft. Sie sollen kämpfen in Allahs Weg und töten und getötet werden. Eine Verheißung hierfür ist gewährleistet in der Thora, im Evangelium und im Koran; und wer hält seine Verheißung getreuer als Allah? Freut euch daher des Geschäfts, das ihr abgeschlossen habt; und das ist die große Glückseligkeit.« (Sure 9:111)

Allah und die Wunderlampe

Obwohl der Koran eigentlich von den Gläubigen verlangt, sich den Propheten als Vorbild zu nehmen (Sure 33:21), bleibt ihnen vieles verwehrt, was der Prophet darf. Das sorgte für Unmut und provozierte Fragen. Für Ruhe in der Gemeinde konnte am besten gesorgt werden, wenn der Wille des Propheten mit dem Willen Gottes verknüpft wurde. So tauchen die Worte »Allah und sein Gesandter« in über siebzig Versen als eine Einheit auf, wie zum Beispiel in Sure 33:

> »Und nicht geziemt es einem gläubigen Mann oder einer gläubigen Frau, wenn Allah und sein Gesandter eine Sache entschieden haben, die Wahl in ihren Angelegenheiten zu haben. Und wer gegen Allah und seinen Gesandten aufsässig wird, der ist in offenkundigem Irrtum.« (Sure 33:36)

Die Verknüpfung von Allah und seinem Gesandten sollte verhindern, dass Mohameds Anhänger Fragen über die Sonderrechte des Propheten stellen, wie in Sure 59:

> »Was Allah seinem Gesandten von den Städtebewohnern zur Beute gab, das gehört Allah und seinem Gesandten und seiner Verwandtschaft, den Waisen und Armen und dem Sohn des Weges, damit es nicht unter den Reichen

von euch die Runde mache. Und was euch der Gesandte gibt, das nehmet, und was er euch verwehrt, von dem lasset ab und fürchtet Allah. Siehe, Allah straft streng.« (Sure 59:7)

Etwas zugespitzt könnte man sagen, nicht Allah hat Mohamed nach seinem Vorbild erschaffen, sondern Mohamed legte Gott jene Sätze in den Mund, die ihm in seiner jeweiligen Lebenssituation gerade zupasskamen. Der Erfolg scheint sich dennoch nicht unmittelbar eingestellt zu haben, denn es brauchte einen weiteren Koran-Vers, der Mohameds Anhängern klar untersagt, dem Propheten unangenehme Fragen zu stellen:

»O ihr, die ihr glaubt, fragt nicht nach Dingen, die, so sie euch kund würden, euch würden wehe tun. Und so ihr nach ihnen fragt, wenn der (ganze) Koran hinabgesandt wird, werden sie euch kundgetan werden. Allah vergibt dies, denn Allah ist verzeihend und milde.« (Sure 5:101)

Mit diesem Vers beginnt ein Dilemma in der islamischen Vorstellung von Bildung und Erziehung. Nicht die Kultur des Fragens, nicht die der kritischen Auseinandersetzung, sondern die Kultur der fertigen Antworten wurde befördert. Fragen werden als Vorstufe des Zweifels gewertet, und zu zweifeln ist eine Sünde im Islam. Zweifel und Fragen sind aber zwei Säulen jenes kritischen Denkens, durch das die Moderne und der Humanismus getragen werden.
Im Islam dagegen heißt es zu schweigen. Mohameds Anhängern wurde verboten, ihre Stimme über die des Propheten zu erheben:

> »O ihr, die ihr glaubt, erhebet nicht eure Stimmen über die Stimme des Propheten, und sprechet nicht so laut zu ihm wie zueinander, auf dass eure Werke nicht eitel werden, ohne dass ihr's euch versehet. Siehe, diejenigen, welche ihre Stimmen vor dem Gesandten Allahs senken, sie sind's, deren Herzen Allah für die Gottesfurcht erprobt hat; für sie ist Verzeihung und gewaltiger Lohn.« (Sure 49:2-3)

Interessant ist, dass hier das Wort Mohameds sogar höher gestellt ist als das Wort Gottes. Es heißt nicht, erhebet nicht eure Stimme über die Stimme Gottes, sondern, erhebet sie nicht über die des Propheten. Damit wird jede Kritik oder jedes Hinterfragen des Propheten im Islam zu einer schweren Sünde. Viele Menschen mussten im Laufe der islamischen Geschichte für dieses »Vergehen« mit ihrem Leben bezahlen.

In einigen islamischen Rechtsschulen kann ein Muslim, der Allah beschimpft oder verunglimpft hat, Reue üben und anschließend begnadigt werden. Doch wer den Propheten beleidigt, muss selbst dann sterben, wenn er seine Tat bereut. Die Sünde »Beleidigung des Propheten« wurde in der Geschichte oft als Mittel benutzt, um Gegner der herrschenden Eliten zum Schweigen zu bringen. Diese Beleidigung war auch dann gegeben, wenn jemand sich kritisch über die Zigtausende Hadithe äußerte, die Mohamed zugeschrieben werden. Viele dieser Hadithe verpflichten Muslime, dem jeweiligen Herrscher gehorsam zu sein, auch wenn dieser ungerecht und unmoralisch sein sollte. Wer dagegen aufbegehrte und die Macht der Herrschenden in Frage stellte, wurde als Ketzer bestraft, weil er die Gebote des Propheten ablehnte.

Mir persönlich ist etwas Ähnliches passiert, als ich in Kairo im Jahr 2013 einen Vortrag über den islamischen Faschismus hielt. Es ging darin um die Muslimbruderschaft, die damals die Regierung und das Parlament in Ägypten kontrollierte. Natürlich hatte ich in meinem Vortrag auch Kritik an Mohamed geäußert. Als die Gelehrten meinen Tod für diese Ketzerei forderten, schien ihnen allerdings weniger der Prophet am Herzen zu liegen, sondern die Macht der Muslimbruderschaft. Der Prophet war in der Vergangenheit häufig ein politisches Instrument und ist es bis heute geblieben. Ganz so, wie Allah selbst ein Instrument von Mohamed gewesen war. Denn es wirkt in großen Teilen doch so, als sei Allah Mohameds Projektionsfläche gewesen und der Koran die Wunderlampe, die seine Wünsche erfüllen sollte.
Dass die Beleidigung des Propheten für einen gläubigen Muslim am schwersten wiegt, liegt auch daran, dass der Koran als unabänderlicher Text verstanden wird. Und im Koran steht:

> »Wer aber den Gesandten Allahs kränkt, dem soll seine schmerzliche Strafe zuteilwerden.« (Sure 9:62)

Das Prinzip wiederholt sich: Mohamed selbst verfügt damals nicht über die Macht, wirksam zu drohen, und besorgt sich Schützenhilfe von oben. Allah reagierte wie gewünscht – und äußerst menschlich. Er schimpfte, drohte und bereitete Fallen für die Ungläubigen (Sure 7:182-183). Und er wird sich an jenen rächen, die einst über seinen Gesandten gespottet haben. Eines Tages wird »Allah sie verspotten« (Sure 2:15). Allah wird als der beste Listenschmied (Sure 3:54) beschrieben und als jemand, der zu Ränkespielen und Spott greift. Als würde er nicht das Wissen und die Macht besitzen, um jemanden mit anderen Mitteln zum Einlenken zu bringen oder zu bestrafen. Warum musste der Allmächtige die Menschen, die er selbst erschaffen hatte, überhaupt überlisten oder sie verspotten? Und wie verspottet Gott eigentlich? Genauso, wie das ein Mensch tun würde. Genauso, wie der noch machtlose Mohamed sich das erträumt hätte.

Das Leben beginnt erst im Paradies

Je mächtiger Mohamed wurde, umso mehr war er auf die bedingungslose Gefolgschaft seiner Anhänger angewiesen. Seine Position musste vor Angriffen von außen wie von innen geschützt werden. Für seine Kämpfer hieß das, den Tod bereitwillig in Kauf zu nehmen. Keine angenehme Vorstellung. Sie lässt sich aber dadurch versüßen, dass nach dem irdischen Leben das Paradies wartet.
66-mal wird das Paradies im Koran erwähnt, zum Beispiel in Sure 2, in der Allah alle Menschen dorthin einlädt. An diesen Vers ist übrigens auch das Motto des deutschen salafistischen Vereins »Einladung zum Paradies« von Pierre Vogel angelehnt.

> »Sie laden ein zum Feuer, Allah aber lädt ein zum Paradies und zur Verzeihung, wenn er will, und macht seine Zeichen den Menschen klar; vielleicht nehmen sie's sich zu Herzen.« (Sure 2:221)

Allah *hofft* darauf, dass die Menschen seine Einladung vielleicht annehmen und seine Zeichen erkennen mögen. Es ist ein freundlicher, werbender Gott, der sich in dieser Sure präsentiert. Oft aber taucht der Begriff »Paradies« im Zusammenhang mit der Androhung der Höllenqual auf, wie zum Beispiel in Sure 3:

> »Jede Seele soll den Tod schmecken, und ihr sollt nur euern Lohn empfangen am Tag der Auferstehung; und wer da dem Feuer entnommen und ins Paradies geführt wird, der soll glückselig sein. Und das irdische Leben ist nur ein trügerischer Nießbrauch.« (Sure 3:185)

Die Gegenüberstellung von Hölle und Paradies soll sowohl als Warnung als auch als Motivation dienen:

> »Und rufen werden die Gefährten des Feuers zu den Paradiesgefährten: ›Schüttet auf uns etwas Wasser oder etwas von dem, was euch Allah bescherte.‹ Sie sprechen: ›Siehe, Allah hat beides für die Ungläubigen verwehrt.‹« (Sure 7:50)

Hier wird deutlich: Nicht mehr alle Menschen werden ins Paradies eingeladen, den Ungläubigen ist der Zutritt verwehrt.

Während das (irdische) Leben im Koran lediglich als trügerischer Genuss beschrieben wird, ist das Paradies als Ort sinnlicher Genüsse dargestellt. Doch wie bereits erwähnt: Nur wer Allah und seinem Gesandten gehorcht, darf darauf hoffen, überhaupt ins Paradies zu kommen. Dort erwarten die Gläubigen schöne Häuser und Gemächer (Sure 39:20 und Sure 29:58) sowie Gärten der Wonne (Sure 56:12).

Und was machen die Gläubigen so den ganzen Tag im Paradies? Auch darüber gibt der Koran Auskunft:

»Sie sind die (Allah) Nahegebrachten, in Gärten der Wonne. Eine Schar der Früheren und wenige der Spätern auf durchwobenen Polstern, sich lehnend auf ihnen einander gegenüber. Die Runde machen bei ihnen unsterbliche Knaben mit Humpen und Krügen und einem Becher von einem Born. Nicht sollen sie Kopfweh von ihm haben und nicht in Trunkenheit geraten. Und Früchte, wie sie sich erlesen, und Fleisch von Geflügel, wie sie's begehren, und großäugige *Huris* (Jungfrauen) gleich verborgenen Perlen als Lohn für ihr Tun. Sie hören kein Geschwätz darinnen und keine Anklage der Sünde; nur das Wort: ›Frieden! Frieden!‹« (Sure 56:11-25)

An einer anderen Stelle wird die Beschreibung des Paradieses erweitert:

»Siehe, die Gottesfürchtigen kommen in Gärten und Wonne, genießend, was ihr Herr ihnen gegeben hat. Und befreit hat sie ihr Herr von der Strafe des Höllenpfuhls. ›Esset und trinket und wohl bekomm's – für euer Tun!‹ Gelehnt auf Polstern in Reihen; und wir vermählen sie mit großäugigen *Huris*. Und diejenigen, welche glauben und deren Sprösslinge ihnen im Glauben folgen, die wollen wir mit ihren Sprösslingen vereinigen, und um nichts von ihren Werken wollen wir sie betrügen. Jedermann ist für das, was er geschafft, verpfändet. Und wir wollen sie reichlich mit Früchten und Fleisch versorgen, wie sie es nur wünschen. Und reichen sollen sie einander darinnen einen Becher, in dem weder (durch Trunkenheit) Geschwätz noch Versündigung ist. Und die Runde sollen unter ihnen Jünglinge machen, gleich verborgenen Perlen. Und einer wird sich an den andern wenden, einander

> fragend. Und sie werden sprechen: ›Siehe, wir waren zuvor inmitten unserer Familien besorgt. Doch war uns Allah gnädig und befreite uns von der Strafe des Glutwinds. Siehe, wir riefen ihn zuvor an; siehe, er ist der Gütige, der Barmherzige.‹« (Sure 52:17-28)

Und was gibt es *nicht* im Paradies? Sonne und Kälte (76:13). Im Paradies gibt es alles, was sich ein Mann aus der Wüste so wünscht: schattige Gärten, gepolsterte Sofas, Geflügelfleisch und Wein und natürlich Jungfrauen und Knaben, die köstliche Speisen reichen. An einer anderen Stelle werden sogar die Brüste dieser Jungfrauen beschrieben. Allah hat es nötig, seinen gläubigen Männern mitzuteilen, dass die Brüste dieser Frauen wohlgeformt sind:

> »Siehe, für die Gottesfürchtigen ist ein seliger Ort, Gartengehege und Weinberge (Jungfrauen) mit schwellenden Brüsten.« (Sure 78:32-33)

Frauen dürfen im Paradies immerhin auf eine angemessene Versorgung mit Speis und Trank hoffen. Auf mehr aber auch nicht.

Es ist beinahe eine Zwangsläufigkeit, dass ein Buch, das den Menschen und das irdische Leben verachtet, die Bedeutung des Jenseits und des Paradieses überhöht. Mohamed brauchte diese Zweiteilung, um seine Anhänger für den Krieg und das Martyrium zu begeistern. Später nutzten die islamischen Herrscher diese Vorstellung als Instrument, um die armen und unterdrückten Untertanen ruhig zu halten – und Kritik an ihrem frivolen und luxuriösen Leben im Keim zu ersticken. Denn im Koran steht, dass dem Propheten viele Dinge vor den Gläubigen zustehen. Die Herrscher als Nachfolger Mohameds rechtfertigten so ihren Lebensstil. Heute werben militante Islamisten für den Dschihad, sie locken junge, frustrierte Muslime mit der Verheißung, sie könnten sich den direkten Weg ins ewige Glück freibomben. Dieser Verheißung kann nur jemand mit Begeisterung folgen, der seinem gegenwärtigen Leben und dem seiner Gegner keinen Wert zumisst.

Kapitel 3
Die Drohung im Koran

Ich habe im vorangegangenen Kapitel bereits erwähnt, dass der Begriff Paradies häufig in Kombination mit dem Begriff »Höllenqualen« erwähnt wird. Diese Höllenqualen sind im Koran ein wirkungsvolles Mittel der Drohung. Aber es ist nicht das einzige. Liest man die Suren des Korans chronologisch, also nicht der Länge nach wie in der offiziellen Fassung, sondern nach der Zeit ihrer Entstehung, stellt man fest, dass die Strategie der Drohung im Koran einem bestimmten Schema folgt. Und dieses Schema wiederum ist eng verknüpft mit Mohameds Wirken und seinem Ringen um Akzeptanz und Einfluss.

Zunächst drohte Mohamed den Mekkanern, die seiner Botschaft nicht folgen wollten, mit den Qualen der Hölle. Die heidnischen Araber, die ohnehin nichts mit einem Leben nach dem Tod anfangen konnten, ließen sich von diesen realitätsfernen Schreckensszenarien allerdings nicht beeindrucken. Daher versuchte der Prophet es mit der Androhung von Naturkatastrophen, die über sie hereinbrechen würden. Katastrophen, wie Moses sie laut biblischer Erzählung mit Gottes Hilfe über die Ägypter und Noah sie über sein Volk gebracht hatte. Nach Mohameds Übersiedlung nach Medina, wo er seine Macht festigen und ausbauen konnte, nahmen die Drohungen wieder eine neue Form an. Nicht mehr die Hölle, nicht mehr Naturkatastrophen, sondern das Schwert sollte die gewünschte Wirkung zeigen.

Aber sehen wir uns das Ganze einmal chronologisch an und

beginnen mit der ersten Sure des Korans, die offenbart wurde: Sure 96. Stellen wir uns vor, Gott wollte der Menschheit ein Buch senden. Es wird das erste und zugleich allerletzte Buch sein, das Gott jemals senden wird. In ihm wird sein endgültiges Manifest stehen, also sollte das Buch detailliert und unmissverständlich sein.

Wie könnte so ein Manifest wohl beginnen? Man würde von der ersten Sure eine Art Einführung in den Islam erwarten, die den Kern dessen offenlegt, was diesen neuen Glauben ausmacht. Außerdem eine Erklärung, wer dieser Gott eigentlich ist und was er von den Menschen will. Doch weit gefehlt. Die allererste Sure beginnt so:

> »Trage vor (rezitiere) im Namen deines Herrn, der erschuf, erschuf den Menschen aus geronnenem Blut. Trage vor (rezitiere), denn dein Herr ist allgütig, der die Feder gelehrt, gelehrt den Menschen, was er nicht gewusst. Fürwahr! Siehe, der Mensch ist wahrlich frevelhaft, wenn er sich in Reichtum sieht. Siehe, zu deinem Herrn ist die Rückkehr.« (Sure 96:1-8)

Erinnern wir uns an Zeit und Ort der Offenbarung: Mohamed befand sich in einer Sinnkrise, meditierte, schlief darüber ein und wurde jäh aus dem Schlaf gerissen. Er wurde aufgefordert, etwas vorzutragen, das er nicht kannte. Einem Herrn und dessen Botschaft zu folgen, die er ebenfalls noch nicht kannte. Aber vielleicht folgt die Erklärung ja in den nächsten Versen?

> »Sahst du den, der da wehrt einem Knecht (Allahs), wenn er betet? Sahst du, ob er geleitet war oder Gottesfurcht gebot? Sahst du, ob er dich der Lüge zieh und sich ab-

kehrte? Weiß er nicht, dass Allah sieht? Fürwahr, wahrlich, wenn er nicht ablässt, so ergreifen wir ihn bei der Stirnlocke, der lügenden, sündigen Stirnlocke. So rufe er seine Schar; wir werden die Höllenwache rufen.« (Sure 96:9-18)

Wie eine allgemeine Erläuterung liest sich das nicht, eher wie die Schilderung eines konkreten Vorfalls. Und das irritiert. Noch einmal zur Erinnerung: Wir sind immer noch bei der ersten Sure des Korans. Gott vernachlässigt das gesamte Universum und nebenbei auch seine Botschaft und scheint sich auf einen einzigen Ort in Arabien mit einigen tausend Bewohnern zu konzentrieren. Er legt sich höchst persönlich mit einem dieser Bewohner an, weil dieser einen Anhänger Mohameds daran gehindert hat, das Gebet zu verrichten. Wie bei einem Straßenkampf droht Gott dem Mann, ihn an der Stirnlocke zu packen. Sollte dieser dann seine Gefolgschaft zum Kampf rufen, werde Gott die Höllenwächter entsenden.

Warum die erste Sure des Buches Gottes mit diesem eher niveaulosen Kampf beginnt, ist ein Rätsel. Noch rätselhafter wird es, wenn man bedenkt, dass hier bereits jemand attackiert wird, der offenbar Allahs Botschaft folgte, die noch gar nicht bekannt ist. Liest man aber den Koran als ein Buch, das die Entwicklung von Mohameds Gemeinde und seine persönlichen Konflikte mit reichen, mächtigen Händlern dokumentiert, denen er sich unterlegen fühlte, erscheint die seltsame Auftaktszene in einem anderen Licht.

Ähnlich verhält es sich mit Sure 111, chronologisch auch eine der allerersten Suren des Korans. Hintergrund dieser Sure ist folgender: Mohamed wollte seinem Stamm, den Quraisch, die ihm offenbarte Botschaft verkünden und wählte dafür die höchste Erhebung der Stadt. Jeder in Mekka wusste, dass niemand vom Gipfel dieses Berges sprach, es sei denn, es handelte sich um eine höchst wichtige Angelegenheit. Die Händler ließen ihre Geschäfte ruhen, die Bauern eilten von den Feldern, und als sich das Volk am Fuße des Berges versammelt hatte, sagte Mohamed: »Ich bin der Gesandte Allahs zu euch.«

Die Anwesenden hatten sich offenbar mehr erwartet, Unmut regte sich. Täglich drängten sich selbsternannte Propheten rund um die Kaaba und riefen die Mekkaner zur Umkehr auf. Mohameds Onkel Abū Lahab wollte seinen Neffen vor der aufgebrachten Menge schützen und fragte, scheinbar erzürnt über die Nichtigkeit der Ankündigung: »Ist das der Grund warum du uns hier versammelt hast? Verderben über dich, Mohamed!«[3]

Doch anstatt die provozierende Frage als Ansporn zu nehmen, mit seiner Ansprache fortzufahren, rief Mohamed Gott zu Hilfe. Wie schon in der ersten Sure des Korans (dort ist es nicht Mohamed, der einen Rivalen direkt beschimpft, sondern Gott in Stellvertretung), reagierte nicht der Prophet auf den Einwurf Abū Lahabs, sondern Allah. Gott beschimpfte nicht nur Mohameds Onkel, sondern auch gleich dessen Frau, die an der Szene gar nicht beteiligt war. Abū Lahab wurden Höllenqualen prophezeit, obwohl er nichts anderes getan hatte als Mohamed nach dem weiteren Inhalt seiner Botschaft zu fragen:

> »Verderben über die Hände Abū Lahabs und Verderben über ihn! Sein Gut noch Gewinn dient ihm zu nichts. Brennen wird er im Feuer, dem lohenden, und (ebenso) seine Frau, die Holzträgerin, mit einem Strick von Palmenfasern um ihren Hals.« (Sure 111:1-5)

Noch 1400 Jahre nach seinem Tod rezitieren Muslime diese Sure täglich im Gebet und schimpfen über den Onkel des Propheten und dessen Frau. Aus meiner Sicht hat sich dadurch bei manchen Gläubigen auch die Haltung verfestigt, dass jeder, der die Botschaft des Islam ablehnt, beschimpft werden sollte, auch wenn er ein naher Verwandter ist.

In ähnlicher Weise legt sich Allah höchstpersönlich mit einem anderen Stammesführer aus Mekka an, weil dieser in einem Streit mit Mohamed den Koran einen »Abklatsch alter Mythen« genannt hatte. Allah ärgerte sich darüber und beschimpfte den Stammesführer wüst als »Bastard« und kündigte an, ihn wie einen Gauner für alle sichtbar mit einem Mal zu zeichnen:

> »Drum gehorche nicht denen, die (dich) der Lüge zeihen. Sie wünschen, dass du freundlich bist, dann wollen sie freundlich sein. Und gehorche nicht jedem verächtlichen Schwörer, Verleumder und jedem, der mit Ohrenbläserei umhergeht: der das Gute hindert, einem Übertreter, Sünder: einem Grobian und Bankert dazu, auch wenn er reich an Gut und Kindern ist. Wenn ihm unsre Zeichen (Verse) verlesen werden, spricht er: ›Fabeln der Früheren!‹ Auf die Schnauze wollen wir ihm ein Brandmal setzen.« (Sure 68:9-16)

Erstaunlich, dass Gott sich auf dieses Niveau begibt …
Dass diese Sure ebenfalls sehr oft im Gebet rezitiert wird, liegt sicher auch daran, dass sie kurz, poetisch und leicht zu merken ist. Man stelle sich vor, dieser Mann hätte nach dem Vorfall den Islam angenommen – er hätte sich fortan selbst im Gebet als Bastard beschimpfen müssen!

Wenigstens verfuhr man mit ihm vergleichsweise gnädig: Weil er den Koran als einen menschlichen Text bezeichnet hatte, wurde der Mann »nur« als Bastard beschimpft und mit einem Brandmal verunstaltet. Heute kann es ihm passieren, in einem streng islamischen Land für dieses »Vergehen« mit weit mehr bestraft zu werden. Im allerbesten Fall würde er als Hurensohn bezeichnet. Er würde an der Stirnlocke gepackt und seine Nase würde zertrümmert werden. Dann würden aufgebrachte Muslime rufen: »Tod ihm!« Nur weil er gesagt hatte, der Koran stamme nicht von Gott, sondern dabei handele es sich um »Fabeln« aus der Geschichte. Nehmen wir einmal an, es würde sich heute tatsächlich so zutragen: Moderate Muslime würden argumentieren, die Gewalttäter seien keine wahren Muslime, denn Islam heiße Frieden und Allah habe sich zur Barmherzigkeit verpflichtet. Letzteres stimmt:

> »Und wenn jene, die da glauben an unsre Zeichen, zu dir kommen, so sprich: ›Frieden sei auf euch! Vorgeschrieben hat sich selber euer Herr die Barmherzigkeit, sodass, wenn einer von euch in Unwissenheit etwas Böses tut und alsdann hernach umkehrt und sich bessert, so ist er nachsichtig und barmherzig.‹« (Sure 6:54)

De facto hätte die aufgebrachte Menge aber nichts anderes getan als das, was Allah höchstpersönlich laut Koran mit Menschen tat, die anderer Meinung waren, etwas kritisierten, anzweifelten oder sich gegen Mohamed, dessen Botschaft oder Anhänger stellten.
Selbst der Ruf »Tod ihm!« findet sich in vergleichbarem Kontext im Koran und könnte so die Argumentation gemäßigter Muslime aushebeln. Hintergrund dieser Sure ist ein

banaler Streit zwischen einem reichen Händler aus Mekka und Mohamed, in dessen Verlauf der Kaufmann auch den Koran schmähte. Allah kommt seinem Propheten zu Hilfe:

> »Lass mich allein mit dem, den ich geschaffen und dem ich reiches Gut verlieh und Söhne vor seinen Augen und für den ich (alles) eben machte; doch wünscht er, dass ich noch mehr tue. Keineswegs; siehe, er ist widerspenstig gegen unsre Zeichen. Aufladen will ich ihm Qual; siehe, er sann und plante und – Tod ihm! – wie plante er! Noch einmal – Tod ihm! – wie plante er! Dann schaute er zu, dann runzelte er die Stirn und blickte finster, dann kehrte er den Rücken voll Hoffart und sprach: ›Das ist nur eine Zaubergeschichte, das ist nur Menschenwort.‹ Brennen will ich ihn lassen im Höllenfeuer. Und was lehrt dich das Höllenfeuer? Nichts lässt es übrig und nichts verschont es, schwärzend das Fleisch.« (Sure 74:11-29)

Diese Sure gilt als die zweite, die offenbart wurde. Bevor Allah überhaupt den Menschen seine Botschaft erklärt, fordert er, dass sie blind an ihn glauben. Wer dies nicht tut, wird zum persönlichen Feind Allahs und soll schmoren im Höllenfeuer, bis nichts mehr von ihm übrig ist. Und anstatt den Mann auf der Stelle tot umfallen oder ihn in Flammen aufgehen zu lassen, ruft Gott, der theoretisch die Macht über Leben und Tod hat, sehr menschlich: »Tod ihm«, wie heute manche Demonstranten in der islamischen Welt oft rufen: »Tod Amerika!«

Im Höllenfeuer

Was hatte dieser Mann noch gleich verbrochen? »Er ist widerspenstig gegen unsre Zeichen«, heißt es in Vers 23. Mit »Zeichen« ist hier das gemeint, was bislang offenbart wurde. Und das war nicht allzu viel. Bevor Mohamed den Mekkanern erklärte, wer sein Gott eigentlich ist, ließ er sie von Gott mit Beschimpfungen und Drohungen überziehen. Das Höllenfeuer war dabei in dieser Phase das bevorzugte Mittel, wie auch die folgende Sure zeigt. Hier geht es ebenfalls um einen Händler, der von Mohameds Botschaft nichts hielt:

> »Weh jedem lästernden Verleumder, der Gut zusammenscharrt und es hinterlegt; er wähnt, dass sein Gut ihn unsterblich machen kann. Keineswegs; wahrlich, hinabgestürzt wird er in *El-Hótama*. Und was macht dich wissen, was *El-Hótama* (ist)? Es ist Allahs angezündetes Feuer, das über die Herzen emporsteigt. Siehe, es bildet ein Dach über ihnen in langen (Feuer-)Säulen.« (Sure 104:1-9)

Die Hölle und die Qualen, die den Menschen dort erwarten, werden über 400-mal im Koran erwähnt. Es ist erstaunlich, dass dies aber bereits in den allerersten Suren des Korans so präsent ist. Warum? Wenn man eine neue Religion etablieren möchte, sollte man dann nicht eher darauf abzielen, ihre Vorteile in den Vordergrund zu rücken? Sollte man nicht von der Botschaft Allahs erzählen, statt gleich mit der Hölle zu drohen, ohne die Botschaft auch nur ansatzweise übermittelt zu haben?

Einmal mehr hilft bei der Beantwortung dieser Fragen ein Blick auf Mohamed. Aus diesen chronologisch betrachtet ersten Suren spricht dessen Verbitterung und Neid auf die reichen Händler, die – anders als der Prophet – viel Geld und viele Söhne hatten. Im arabischen Kontext des 7. Jahrhunderts galt es als eine große Schmach, wenn ein Mann keine Söhne bekam; in ihren vorislamischen Gedichten bejubelten die Araber ihre Abstammung und waren stolz auf ihre kontinuierliche genealogische Linie. Mohamed war als Waisenkind ohnehin ein Außenseiter, der selbst im eigenen Stamm einen schweren Stand hatte. Durch die Heirat mit seiner ersten Frau Khadidscha, einer Witwe, die eine große Karawanserei leitete, stieg er in den Kreis der Kaufleute auf, die ihn allerdings nicht als einen der Ihren akzeptierten.

Nun also wollte er die Mekkaner vom Islam überzeugen, ihnen das vermitteln, was Gott ihm offenbart hatte. Mit mäßigem Erfolg. Je enttäuschter und verbitterter Mohamed wurde, desto negativer wurde sein Menschenbild und desto drastischer wurden die Beschreibungen der Feuerqualen im Koran.

Eine gewisse Freude am Sadismus scheint durch, wenn Gott seinen Propheten wissen lässt:

> »An jenem Tage werden wir zu *Dschehannam* (die Hölle) sprechen. ›Bist du voll?‹ Und sie wird sprechen: ›Gibt's noch ein Mehr?‹« (Sure 50:30)

Und in Sure 32 heißt es:

> »Und hätten wir gewollt, wahrlich, wir hätten jeder Seele ihre Leitung gegeben; jedoch soll das Wort von mir wahr werden: ›Wahrlich, erfüllen will ich *Dschehannam* mit *Dschinn* (Dämonen) und Menschen allzumal.‹« (Sure 32:13)

In dieser Sure steckt ein äußerst befremdlicher Gedanke: Allah wird beschrieben als ein Gott, der sich offenbar bewusst dazu entschieden hat, so viele Menschen wie möglich in der Hölle schmoren zu lassen. Er hätte allen Menschen den rechten Weg zeigen und sie auf diesen führen können, doch das wollte er nicht, denn er hatte sich selbst versprochen, die Hölle mit Menschen zu füllen: mit jenen, die er bewusst nicht auf den rechten Weg geführt hatte.

> »Siehe, wer da Unsere Zeichen verleugnet, den werden wir im Feuer schmoren lassen. Sooft ihre Haut gar ist, tauschen wir ihnen eine andere ein, damit sie die Strafe zu fühlen bekommen. Allah ist mächtig und weise.« (Sure 4:56)[4]

Man muss sich einen Gott vorstellen, dessen Barmherzigkeit vermeintlich alles umfasst, der sich auch dezidiert zu dieser Barmherzigkeit verpflichtet hat – und der sich gleichzeitig dazu entschließt, die Mehrzahl der Menschen in die Hölle zu stecken, sie dort ewig schmoren zu lassen, und ihnen, wann immer ihre Haut vollkommen verbrannt ist, eine neue Haut mit frischen Nervenzellen sendet, damit sie die Qual immer wieder von neuem aufs heftigste zu spüren bekommen. Würdigt dieser Gott eigentlich seine eigene Schöpfung? Glaubt er an den Menschen? Und wie ist in diesem Zusammenhang der Satz aus Sure 2 zu verstehen, Gott habe auf Erden einen Nachfolger einsetzen wollen? Soll der Mensch ihm auch in dieser Grausamkeit nachfolgen? Nicht die Barmherzigkeit, zu der sich Gott selbst verpflichtet hat, spricht aus diesen Suren, sondern die Befürchtung der Engel scheint sich zu bewahrheiten, wenngleich auf unerwartete Weise. Es ist vor allem Gott, der mit Leid und Qual droht.

Der Allmächtige lässt beim Thema Höllenqualen seiner Phantasie freien Lauf. Für die Insassen von *Dschehannam* besorgt er sogar einen Schneider:

»Diese beiden sind zwei Streitende, die über ihren Herrn streiten. Aber für die Ungläubigen sind Kleider aus Feuer geschnitten; gegossen wird siedendes Wasser über ihre Häupter, das ihre Eingeweide und ihre Haut schmilzt; und eiserne Keulen sind für sie bestimmt. Sooft sie aus ihr (der Hölle) vor Angst zu entrinnen suchen, sollen sie in sie zurückgetrieben werden und: ›Schmecket die Strafe des Verbrennens.‹« (Sure 22:19-22)

Selbst Speis und Trank gibt es in der Hölle, nur deutlich unverträglicher als jene im Paradies:

»Siehe, der Baum Zaqqūm (ein verfluchter Baum, der direkt dem Höllenfeuer entwächst) ist die Speise des Sünders; wie geschmolzenes Erz wird er kochen in den Bäuchen, wie siedendes Wasser kochen. ›Fasset ihn und schleifet ihn mitten in den Höllenpfuhl. Alsdann gießet über sein Haupt die Strafe des siedenden Wassers. Schmecke! Siehe, du bist der Mächtige, der Edle! Siehe, das ist's, worüber ihr in Zweifel waret.‹« (Sure 44:43-50)

»Und sprich: Die Wahrheit ist von euerm Herrn; und wer will, der glaube, und wer will, der glaube nicht. Siehe, für die Sünder haben wir ein Feuer bereitet, dessen Rauchwolke sie rings umgeben soll. Und wenn sie um Hilfe rufen, dann soll ihnen geholfen werden mit Wasser gleich flüssigem Erz, das ihre Gesichter röstet. Ein schlimmer Trank und ein übles Ruhebett!« (Sure 18:29)

Normalerweise wird die erste Hälfte dieses Verses verwendet, um die Glaubensfreiheit im Islam zu demonstrieren: Allah scheint sehr großzügig zu sein und überlässt es dem Menschen, ob er glauben will oder nicht. Doch die zweite Hälfte zeigt, dass es sich hier nicht um eine freie Wahl handelt, sondern um eine Drohung. Wer nicht glaubt, wird vom Feuer entstellt. Wer nicht glaubt, ist voll Sünde. Wer nicht glaubt, ist der Feind. Der Schöpfer, in dessen Macht es gestanden hätte, ihm diese Qualen zu ersparen, sieht genüsslich dabei zu, wie dieser »Feind« leiden muss.

Ergibt das einen Sinn?

Diese Widersprüche lassen sich ein Stück weit auflösen, wenn man den Text »vermenschlicht«. Mohamed sah sich umgeben von Gegnern, gegen die er lange nicht ankam. Er war machtlos und verstieg sich in Bestrafungsphantasien. Der Prophet projizierte seine Wut und Rachegelüste auf Gott und lässt den Allmächtigen damit auf das Niveau der Menschen sinken. »Fasset ihn«, »Schleift ihn mitten in den Höllenpfuhl«, »Gießt über ihn die Strafe des siedenden Wassers«, Schmecke!« All das ist Ausdruck von Allmachtsphantasien, gepaart mit Verbitterung und Hilflosigkeit. Jene Mischung, die einen Extremisten ausmacht.

Die koranische Formel – der Mensch ist verloren, das (irdische) Leben ist wertlos, das Paradies ist ein Ort des Genusses und die Hölle der schlimmste Horrorfilm aller Zeiten – bereitet den Boden für Individuen, die unfähig sind, Verantwortung für das eigene Leben zu übernehmen oder in Frieden mit Anders- bzw. Nichtgläubigen zu leben. Die Angst vor einem unberechenbaren, wütenden Gott und vor dessen qualvollen Strafen treibt Menschen in eine innere Abhängigkeit, isoliert sie. Sie versuchen, sich haargenau nach dem islamischen Verhaltenskodex zu verhalten was Rituale, Essen, Trinken, Umgang mit dem anderen Geschlecht und Umgang mit Nicht-Muslimen angeht. Sie klammern sich an einen Verhaltenskatalog, der ihren Alltag durch klare Regeln strukturiert. Da der Islam fast zu jedem Detail des Alltags eine Regel hat, selbst für den Toilettengang und das »Luftablassen« dort, kommt man kaum zu etwas anderem. Und über allem schwebt die Angst, einen Fehler zu begehen. Viele islamische Rituale sind von unzähligen Wiederholungen bestimmt, etwa die Gebetsbeugungen und die Reinigungsrituale. So muss sich jeder Muslim fünfmal am Tag für das Gebet waschen, wobei jeder Körperteil dreimal mit Wasser benetzt werden soll. Steht – etwa in sehr wasserkargen Regionen – nicht ausreichend Wasser zur Verfügung, kann man sich symbolisch in der vorgeschriebenen Weise mit Sand reinigen. Mohamed ließ seine Anhänger wissen: Wer dabei nicht sorgfältig vorgehe, habe die Strafe Gottes zu fürchten. Jene Stellen, die nicht gereinigt worden seien, würden am Jüngsten Tag von Gott verbrannt.

Angst war noch nie ein guter Ratgeber. Und Strafe noch nie ein gutes Mittel, um jemanden von etwas zu überzeugen. Es ist häufig diese Angst vor der Sünde und vor der Wut Gottes, die manche gläubige junge Muslime zur leichten Beute für Extremisten macht. Viele derer, die in die Hände islamistischer Organisationen geraten sind, wollen sich auf dem kürzesten Weg von der Sünde reinwaschen und der Hölle entfliehen. Da es im Koran keine Garantie für das ewige Leben im Paradies gibt, noch nicht einmal für gläubige Muslime, bleibt der bewaffnete Dschihad für viele die letzte Rettung. Denn nur wer als Märtyrer stirbt, hat einen dauerhaften Platz im Paradies sicher.

Nun wird natürlich (und zum Glück) nicht jeder junge Muslim gleich militant; doch die oben erwähnte Formel und viele Suren können die Beziehung eines Gläubigen zu seinem nichtmuslimischen Umfeld massiv stören. Denn wie kann man einen normalen Umgang mit einem »Ungläubigen« haben, wenn man weiß, dass Gott ihn hasst. Wie kann man für die Rechte anderer oder eine Vielfalt von Meinungen eintreten, wenn man davon ausgehen muss, dass Gott diese am Jüngsten Tag auf üble Weise verbrennen lassen wird? Wie kann man für ein tolerantes Nebeneinander von Religionen plädieren, wenn im Koran steht, nur wer »unseren Zeichen« folgt, ist auf dem rechten Weg?

Zuckerbrot statt Peitsche

Man könnte annehmen, dass die Androhung des Höllenfeuers das Übelste ist, das einen Menschen erwarten kann. Aber, wie bereits gesagt, das Szenario schien so weit entfernt von der Realität, dass es nicht die gewünschte Wirkung entfaltete. Für Mohamed muss es einem Desaster gleichgekommen sein, dass seine drastischen Ausführungen über die Qualen der Hölle die Mekkaner kaum beeindruckten. Strafen im Jenseits waren Unsinn, wenn man ohnehin nicht an ein Jenseits glaubte.
Er musste es also auf eine andere Art versuchen. Mohamed packte die Peitsche ein und lockte mit Zuckerbrot. Nach der Heirat mit seiner ersten Frau Khadidscha, die eine Karawanserei leitete, war er selbst eine Zeitlang im Handel tätig gewesen, er wusste also, worauf es den vielen Händlern in der Stadt ankam. Er versprach seinem Stamm Einigung und

mehr Gewinn bei ihren Handelsreisen, sollten sie an Allah glauben:

> »Für die Vereinigung der Quraisch, für ihre Vereinigung zur Winter- und Sommerkarawane. So mögen sie (zum Dank) dienen dem Herrn dieses Hauses, der sie mit Speise versieht gegen den Hunger und sicher macht vor Furcht.« (Sure 106:1-4)

An anderer Stelle heißt es:

> »Wer ist's, der Allah ein schönes Darlehen leiht? Er wird's ihm verdoppeln um viele Male. Und Allah schließt und öffnet (die Hand), und zu ihm müsst ihr zurück.« (Sure 2:245)

In der gleichen Sure motiviert Mohamed seine Anhänger, ihr Hab und Gut in seinen Dienst zu stellen:

> »Die da ihr Gut ausgeben in Allahs Weg, gleichen einem Korn, das in sieben Ähren schießt, in deren jeder Ähre hundert Körner sind. Und Allah gibt doppelt, wem er will, und Allah ist umfassend und wissend. Die da ausgeben ihr Gut in Allahs Weg und dann ihren Gaben nicht folgen lassen Vorhalten der Gabe und Unrecht, die finden ihren Lohn bei ihrem Herrn; keine Furcht wird über sie kommen, und nicht werden sie trauern.« (Sure 2:261-262)

Doch die Händler von Mekka blieben weiterhin auf ihrem ablehnenden Kurs. Also musste Mohamed erneut seine Taktik ändern. Zum klassischen arabischen vorislamischen Gedicht gehörte es, den eigenen Stamm über den Himmel zu

loben und den feindlichen Stamm wüst zu beschimpfen. Der Koran reiht sich in diese Tradition ein: Er lobt die Anhänger Mohameds und schimpft über den Rest der Menschheit.
In dieser Phase fließen in den Koran frühere Geschichten über Völker und Stämme ein, die einst ausgelöscht worden waren. Zunächst waren dies Erzählungen, die in Arabien bekannt waren, wie etwa die der Vernichtung der Stämme von A'ad und Thamūd. Nun wurden diese Erzählungen mit Allah verknüpft:

> »Die Unvermeidliche (Stunde)! Was ist die Unvermeidliche? Und was lehrt dich wissen, was die Unvermeidliche ist? Der Lüge zieh Thamūd und A'ad die pochende (Stunde); und was die Thamūd anlangt, so kamen sie um durch den Wetterschlag, und was die Ad anlangt, so kamen sie um durch einen pfeifenden, wütenden Wind, welchen Er (Allah) dienstbar machte wider sie sieben Nächte und acht Tage voll Unheil. Und du hättest das Volk in ihnen niedergestreckt gesehen, gleich hohlen Palmenstrünken. Und siehst du von ihnen einen übrig?« (Sure 69:1-8)

Die Botschaft Mohameds an die Mekkaner war deutlich: Wenn ihr an mich nicht glaubt, wird Allah mit euch tun, was er mit A'ad und Thamūd getan hat. Nicht nur Höllenqualen werden im Jenseits drohen, schon im Diesseits werden Naturkatastrophen und Verwüstung als Strafe über euch hereinbrechen.

Biblische Vorbilder

Als Nächstes begann Mohamed, Geschichten aus der Bibel zu entlehnen, um den Mekkanern zu zeigen, dass auch andere Völker einen hohen Preis zahlen mussten, nachdem sie ihren Propheten der Lüge bezichtigt hatten. Die Geschichten von Abraham, Moses und Noah gehören zu den meistwiederholten im Koran.

Laut erstem Buch Mose verlässt Abrahams Vater Terach (im Koran Azar) seine Heimatstadt im Süden des heutigen Irak und siedelt in die Türkei über. Sein Sohn, dessen Frau Sarai und sein Neffe Lot begleiten ihn. Als Terach stirbt, zieht Abraham nach Kanaan. Während in der Bibel keine Rede von einem direkten Konflikt zwischen Abraham und seinem Vater die Rede ist, legt sich Abraham im Koran nicht nur mit seinem Stamm an, er streitet sich auch mit seinem Vater so heftig über die falschen Götter, dass dieser ihm mit der Steinigung droht. Abraham wird hier zu einem kompromisslosen Fundamentalisten, der voller Eifer eine Axt holt, zu den Statuen der Gottheiten geht, denen sein Stamm huldigt, und sie alle zerstört. Nach seiner Tat wird er von seinen Verwandten ergriffen und in ein brennendes Feuer geworfen, weil er die Götter geschändet hatte. Doch Gott lässt das Feuer erkalten und Abraham überlebt.

Wie kommt es zu dieser Abweichung?

Die Sure, die diese Geschichte erzählt (Sure 21:51-70), stammt aus Mohameds mekkanischer Zeit, jener Phase, in der er noch schwach war. Er mag sich gewünscht haben, er könne die Götzenbilder der Mekkaner rund um die Kaaba zertrümmern, mag aber vor den Konsequenzen zurückgeschreckt sein. Stattdessen modifizierte er die Geschichte Abrahams und präsentierte sie den Mekkanern als Mahnung. Warum er das aufgebrachte Volk den Versuch unternehmen lässt, Abraham zu verbrennen, darüber kann man nur spekulieren. Es liegt nahe, dass Mohamed seine eigene Verbitterung gegenüber den Quraisch auf Abraham und dessen Stamm übertragen hat. Die erfolgreiche Zerstörung der Statuen wäre für Mohamed jener Befreiungsschlag gewesen, nach dem er sich so sehr sehnte. Vorerst reines Wunschdenken. Der Versuch, Abraham bei lebendigem Leib zu verbrennen, kann daher als Ausdruck von Mohameds seelischem Zustand zu diesem Zeitpunkt gedeutet werden. Egal, was er tat, egal, wie sehr er sich der Sache Allahs mit Leib und Seele verschrieb, er erntete beißenden Spott oder stieß auf Ignoranz.

So auch diesmal. Die Mekkaner ignorierten diese Warnung ebenfalls, wussten sie doch, dass Mohamed schwach war und kaum Anhänger hatte; er hätte nicht die Macht, um die Heiligtümer der Araber zu schänden.

Erst als Mohamed später in Medina einen Staat gegründet hatte und über eine große Armee verfügte, eroberte er seine Heimatstadt Mekka und zerstörte die Statuen aller Gottheiten in und um die Kaaba mit einer Axt. Und so wie Abraham sein Vorbild für diese Tat war, wurde Mohamed zum Vorbild für die Taliban, als diese im März 2001 die Buddha-Statuen von Bamiyan in Afghanistan bombardierten. Und auch für die IS-Kämpfer, die Anfang 2015 die Statuen in den Museen der irakischen Stadt Mossul zerstörten und die historischen Bauwerke in der antiken Oasenstadt Palmyra in Syrien. Dennoch finden sich viele Muslime, die immer wieder betonen, diese Taten hätten in keiner Weise etwas mit dem Islam zu tun!

Neben Abraham und Noah spielt auch Moses eine große Rolle im Koran. 139 Mal wird sein Name zitiert, so häufig wie kein anderer. Für Mohamed war die Geschichte Moses' ein wichtiges Instrument: Dessen Auseinandersetzung mit dem Pharao sollte den ungleichen Kampf des Propheten mit den mächtigen Mekkanern widerspiegeln. So schwach und hilflos Moses war, am Ende siegte er über den omnipotenten Pharao, weil Gott auf seiner Seite war:

> »Und (der) Pharao und die, welche vor ihm lebten, und die zerstörten (Städte) begingen Sünde, und sie waren widerspenstig gegen den Gesandten ihres Herrn; und er erfasste sie mit übermäßiger Strafe. Siehe, als das Wasser überschwoll, trugen wir euch auf dem Fahrzeug, auf dass wir es zu einem Gegenstand des Gedenkens machten und dass es bewahre ein bewahrendes Ohr.« (Sure 69:9-12)

Ähnlich wie mit dem Monotheismus Abrahams konnten die Mekkaner wenig mit dieser Geschichte anfangen. Zwar lebten zu jener Zeit viele Juden in Mekka, doch der Austausch zwischen den Kulturen war nicht so intensiv, dass die Araber die Juden zu weiteren Details der Geschichte von Moses und dem Pharao befragt hätten. Und die Juden selbst machten keine Anstalten, daran etwas zu ändern. Mohamed mag darauf gesetzt haben, dass die Erwähnung dieser wichtigen Geschichte positiv gewertet würde, doch sowohl Juden als auch Mekkaner blieben auf Distanz.

Weitere Episoden mussten her, in denen deutlich wurde, was mit jenen geschieht, die den Gesandten Gottes kränken. Gleich in mehreren Passagen des Korans prahlt Allah, wie viele Dörfer und Städte er nach einer solchen Schmähung dem Erdboden gleichgemacht habe:

> »Weh über meine Diener! Kein Gesandter kommt zu ihnen, den sie nicht verspotteten. Sahen sie denn nicht, wie viele Geschlechter wir vor ihnen vertilgten? Dass sie zu ihnen nicht zurückkehren werden und dass alle vor uns versammelt werden sollen? Und ein Zeichen ist ihnen die tote Erde; wir beleben sie und bringen aus ihr Korn hervor, von dem sie essen. Und wir machen Gärten in ihr von Palmen und Reben und lassen Quellen in ihr entspringen; auf dass sie von ihren Früchten und der Arbeit ihrer Hände speisen. Wollen sie denn nicht dankbar sein?« (Sure 36:30-35)

In einer anderen Passage beschreibt Allah sich selbst als einen Gott, der gerne zerstört. Aber auch hier steckt dahinter kaum mehr als eine indirekte Drohung an die Mekkaner:

> »Wer recht geleitet ist, der ist nur recht geleitet zu seinem eigenen Besten, und wer irregeht, der geht irre allein zu seinem eigenen Schaden; und nicht soll tragen eine beladene (Seele noch) eine andre Last. Und wir straften nicht eher, als wir einen Gesandten schickten. Und so wir eine Stadt zerstören wollten, erging unser Gebot an die Üppigen darinnen. Und sie frevelten darinnen, und so erfüllte sich an ihr das Wort, und wir zerstörten sie von Grund auf. Und wie viele Geschlechter vertilgten wir nach Noah! Denn dein Herr weiß und schaut die Sünden seiner Diener zur Genüge. Wer diese Vergänglichkeit begehrt – schnell geben wir in ihr, was wir wollen, dem, der uns beliebt. Alsdann bestimmen wir *Dschehannam* für ihn, in der er brennen soll, in Schanden und verstoßen. Wer aber das Jenseits begehrt und nach ihm eifert in geziemendem Eifer und gläubig ist – dem wird sein Eifer gedankt. Alle

> wollen wir versorgen, diese und jene, von den Gaben deines Herrn, und deines Herrn Gaben sollen nicht versagt werden. Schau, wie wir die einen vor den andern bevorzugten! Doch das Jenseits soll größere Rangstufen haben und größere Auszeichnungen.« (Sure 17:15-21)

Auch diese Passage birgt Widersprüche. Zunächst wird das Prinzip der Glaubensfreiheit betont, nach welchem der Unglaube nur dem Ungläubigen selbst schadet. Doch in den darauffolgenden Versen macht Allah dieses Prinzip zunichte. Er vernichtet die Ungläubigen, weil sie von ihrem Recht Gebrauch machten, nicht glauben zu wollen. Wozu aber diese Bestrafung, wenn der Unglaube nur den Betroffenen selbst schadet? Ist der Unglaube an sich nicht Strafe genug? Nein. Wer an Allah nicht glaubt, wird sowohl im Diesseits als auch im Jenseits bestraft. Und nicht nur das. Allah sagt: »Und so wir eine Stadt zerstören wollten, erging unser Gebot an die Üppigen«, die daraufhin reichlich sündigten, woraufhin er sie vernichten konnte. Er wollte jene Stadt von Anfang an dem Erdboden gleichmachen, brauchte dafür eine Rechtfertigung und veranlasste die Reichen zu sündhaftem Verhalten. Sünden, die sie erst auf seinen Befehl hin begingen. Er bestrafte aber nicht nur jene Frevler, sondern alle. Das steht in krassem Widerspruch zum Eingangsvers, in dem es heißt: »… und nicht soll tragen eine beladene (Seele noch) eine andre Last.«

In Sure 25 sind gleich mehrere Geschichten über vernichtete Dörfer hintereinandergereiht:

> »Und wahrlich, wir gaben Moses die Schrift und gaben ihm seinen Bruder Aaron zum Wesir. Und wir sprachen:

›Gehet zum Volke derer, die unsre Zeichen der Lüge zeihen, denn vernichten wollen wir sie von Grund aus.‹ Und das Volk Noahs – als sie die Gesandten der Lüge ziehen, ertränkten wir sie und machten sie den Menschen zu einem Zeichen; und wir haben für die Ungerechten schmerzliche Strafe bereitet. Und A'ad und Thamūd und die Bewohner von Er-Raß und viele Geschlechter zwischen diesen. Für alle machten wir Gleichnisse und alle vernichteten wir von Grund auf. Und wahrlich, sie kamen vorüber an der Stadt, auf die ein Unheilsregen regnete. Sahen sie sie denn nicht? Aber sie hofften nicht auf die Erweckung. Und da sie dich sahen, trieben sie nur ihren Spott mit dir: ›Ist dies der, den Allah als Gesandten entsendet hat?‹« (Sure 25:35-41)

Erst im letzten Vers wird der Hintergrund dieser Drohung offengelegt: Wann immer die Mekkaner Mohamed sahen, verspotteten sie ihn. Sie konnten sich nicht vorstellen, dass Allah ausgerechnet diesen unbedeutenden Mohamed als Gesandten auserwählt haben sollte. Sie waren keine Atheisten, sondern Polytheisten und glaubten an einen Schöpfer, den sie lange vor dem Islam »Allah« nannten. Christliche und jüdische Araber benutzten das Wort »Allah« damals ebenfalls für Gott.

Mohameds Schwäche und Allahs Zeichen

Wenn Mohamed schon behauptete, er sei der Gesandte Allahs, dann sollte er das bitte schön auch beweisen. Die Mekkaner forderten ihn heraus und verlangten, er solle den Himmel herabfallen lassen, ganz so wie er ihnen einst gedroht hatte:

> »Und sie sprechen: ›Nimmer glauben wir dir, bis du uns aus der Erde eine Quelle hervorbrechen lassest; oder bis du einen Palmen- und Rebengarten besitzest, in dessen Mitte du die Bäche hervorströmen lassest; oder bis du den Himmel in Stücken, wie du es behauptest, auf uns niederfallen lassest oder Allah und die Engel als Bürgschaft bringst; oder bis du ein Haus aus Gold besitzest oder in den Himmel steigst; und wir wollen nicht eher dein Hinaufsteigen glauben, als bis du uns ein Buch hinabgesendet hast, das wir lesen können.‹ Sprich: ›Preis meinem Herrn! Bin ich mehr als ein Mensch, (bin ich) ein Gesandter?‹« (Sure 17:90-96)

Mohamed, der stets darauf gepocht hatte, der Gesandte Gottes zu sein, entgegnet nun: »Bin ich mehr als ein Mensch?« Im Koran werden Propheten wie Moses und Noah zitiert, es wird erzählt, dass sie Wunder vollbracht und Zerstörung über jene gebracht haben, die nicht an sie glaubten. Ebenso werden übrigens die zahlreichen Wunder von Jesus im Koran ausführlich aufgelistet. Sowohl Noah als auch Moses werden als Menschen *und* Gesandte Allahs beschrieben. Jesus wird nicht als Sohn Gottes, sondern als Mensch *und* wundertätiger Prophet dargestellt. Mohamed indes schienen diese Fähigkeiten nicht gegeben zu sein.

Die oben zitierte Sure soll im zehnten Jahr nach dem Beginn der Botschaft offenbart worden sein. Man stelle sich einen Prediger vor, der seinen Beruf aufgegeben hat und zehn Jahre versuchte, die Menschen von Allah zu überzeugen. Doch welches Mittel er auch wählte, ob er werbend einlud oder mit Hölle und Zerstörung drohte, am Ende glaubten nur ein paar Dutzend an ihn, die meisten davon Schwache und Sklaven. Es muss ein bitteres Jahr für Mohamed gewesen sein, zumal auch seine Frau Khadidscha starb, die in den vergangenen Jahren nicht nur für seine Lebenskosten aufgekommen war, sondern ihm auch moralisch und seelisch eine wichtige Stütze war.

Das Wunder blieb aus, der Himmel fiel nicht in Stücke, auch Engel ließen sich nicht blicken. Gedemütigt verließ Mohamed die Stadt. Eine Zeitlang versuchte er, seine Botschaft außerhalb Mekkas zu verkünden, in der Stadt Tai'f. Dort wurde er aber ebenso gedemütigt und geschlagen, wie in Mekka. An diesem Tiefpunkt angelangt, begann Mohamed offenbar, zu phantasieren. Nach seiner Rückkehr nach Mekka behauptete er, eine Gruppe von *Dschinn* habe sich ihm genähert, während er tief ins Gebet versunken gewesen sei. Die Dämonen hätten ihm zugehört und wären von seinen Worten so entzückt gewesen, dass sie zu den Ihrigen zurückgingen und diesen fortan predigten, denn sie waren gläubig geworden. Eine ganze Sure im Koran (72, »Die Dschinn«) widmet sich diesem Wunder. Sie beginnt mit den Sätzen:

> »Sprich: ›Geoffenbart ward mir, dass eine Schar unter uns wider Allah eine große Unwahrheit aussprach, und wir *(Dschinn)* lauschten und sprachen: ›Siehe, wir haben einen wunderbaren Koran gehört, der zum rechten Weg

leitet; und wir glauben an ihn und stellen nimmer unserm Herrn jemand zur Seite.‹« (Sure 72:1-2)

Nach Mohameds Erzählung (bzw. der koranischen) hätten die Dämonen ihn bejubelt und umringt wie einen Popstar:

»›Und da sich Allahs Knecht (Mohamed) erhob, ihn anzurufen, da hätten sie (die Dämonen) ihn fast erdrückt mit ihrer Menge. Sprich: ›Ich rufe nur meinen Herrn an und stelle ihm keinen zur Seite.‹« (Sure 72:19)

Während an seinem Koran weder seine eigenen Leute in Mekka noch die Fremden in der Stadt Ta'if interessiert waren, erringt Mohamed in der Offenbarung einen triumphalen Sieg. Die Feuer-Dämonen schenken ihm, was die Menschen ihm bislang verwehrten: Sie glauben seinen Worten und zeigen ihm ihre Zuneigung. Sie akzeptieren ihn als Gesandten Gottes und tragen seine Botschaft weiter.
Von dieser »Begegnung« an wird sich Mohamed sowohl gedanklich als auch politisch radikalisieren. Zunächst behauptete er, er sei mit einem Reittier zu einer fernen Kultstätte in einer gesegneten Stadt geflogen. Der Koran berichtet über diese Reise in Sure 17, aber nur mit einem einzigen Vers:

»Preis dem, der seinen Knecht des Nachts von dem heiligen Gebetsplatz zu dem weitentfernten Gebetsplatz reisen ließ, dessen Umgebung wir gesegnet haben, um ihm unsre Zeichen zu zeigen.‹« (Sure 17:1)

Muslimische Koranexegeten identifizieren die Stadt als Jerusalem. Die Reise sollte dem Propheten Trost spenden nach dem Tod seiner Frau und den Erniedrigungen, denen er

in Ta'if ausgesetzt war. In Jerusalem soll sich Mohamed mit allen biblischen Propheten getroffen haben. Auch sein Stammvater Abraham soll dabei gewesen sein. Als Mohamed gemeinsam mit allen Propheten das Gebet verrichten wollte, ließen sie ihn als ihren Imam beten. Für ihn muss das die größte Anerkennung überhaupt gewesen sein.
Doch die Ohnmachts-/Allmachtsvision geht sogar noch weiter. Allah lässt Mohamed über eine Leiter in den Himmel steigen und zeigt ihm das Paradies und die Hölle. Auch die anderen Propheten durften die Leiter erklimmen, allerdings gelangte niemand so hoch wie Mohamed, und außer ihm sah niemand Gott von Angesicht zu Angesicht.
Die Himmelfahrt sollte endlich jenes Wunder liefern, das die Mekkaner von ihm als Beweis für seinen Status als Propheten verlangt hatten. Wie schon bei der wundersamen Bekehrung der Dämonen war Mohamed aber auch hier der einzige Zeuge. Hinzu kommt, dass die Legende der Himmelfahrt durch eine Himmelsleiter bereits vor Mohamed in mehreren Kulturkreisen bekannt war. Eine mögliche Quelle für diese Legende könnte Genesis 28:11-17 sein. Laut biblischer Erzählung sieht Jakob während seiner Flucht von Be'er Scheva nach Harran in einer Traumvision eine Leiter, die von der Erde bis in den Himmel reicht. Auf ihr sieht er Engel, die auf- und niedersteigen, und ganz oben auf der Spitze steht Gott.
Die nächtliche Reise nach Jerusalem und die Himmelfahrt wirken auf den ersten Blick wie seltsame Fremdkörper in Mohameds Biographie. Doch sie sind vielleicht die ausdrucksstärksten Symbole für eine Lebensphase voller Widersprüche und unerfüllter Sehnsüchte. In den Jahren darauf sollten einige in Erfüllung gehen.

Kapitel 4
Toleranz und Intoleranz im Koran

Der Koran hat zwei Gesichter. Das Gesicht der Liebe und das des Hasses. Es finden sich zahlreiche Verse, die Muslime dazu auffordern, auf Beleidigungen mit Geduld und Vergebung zu reagieren. Auch die Freundschaft mit Ungläubigen, die ihrerseits Muslimen mit Toleranz begegnen, wird in einigen Koran-Passagen erlaubt. Mit Nicht-Muslimen sollen die Gläubigen stets »in guten Manieren« debattieren, auch über den Glauben. Selbst wenn Nicht-Muslime Allah in einer solchen Diskussion persönlich beleidigen sollten, dürfen Muslime sie dafür nicht beschimpfen. Andere Passagen wiederum verbieten Muslimen, sich mit Juden und Christen zu befreunden, rufen zur Gewalt gegen Andersgläubige und Ungläubige auf und erklären den Islam zum einzigen Glauben, der eine Existenzberechtigung habe.

Diese Widersprüche führen wie bereits erwähnt dazu, dass sich Kritiker und Verteidiger des Korans häufig gegenseitig schachmatt setzen. Man findet Argumente sowohl für die eine als auch für die andere Seite.

Ich selbst bekomme immer wieder Briefe oder Mails von Muslimen, die sich über meine Kritik am Koran ärgern. Sie fragen mich: »Gibt es im Koran nur Gewaltpassagen?«, »Steht nicht auch im Koran: Wer eine Seele tötet, tötet die gesamte Menschheit?« oder »Hat Allah dem Propheten im Koran nicht befohlen, den Ungläubigen, die ihn verspotteten, zu vergeben?« und »Steht nicht im Koran geschrieben:

Und wenn sie (die Ungläubigen) zum Frieden neigen, dann schließe mit ihnen Frieden?«

Ja, all diese Friedenspassagen gibt es im Koran, und zwar nicht nur die soeben zitierten – es sind viel mehr. Und ja, auch diese Verse verdienen Beachtung und sollen analysiert werden. Für mich persönlich ist der Koran ein menschliches Buch, das sowohl die inneren Konflikte des Propheten als auch die äußere Entwicklung seiner Gemeinschaft beschreibt. Daher finden sich im Koran völlig unterschiedliche Suren – sowohl inhaltlich als auch sprachlich. Es gibt viele rührende spirituelle Passagen darin, die für jeden Gläubigen ein wichtiger Quell für Trost und Zuversicht sind. Die Soziallehre im Koran und der Gedanke der Solidarität mit den Schwachen und Armen ist ebenfalls beachtlich und hält viele islamische Gesellschaften bis heute zusammen.

Das Problem ist nur: Wie ich bereits in der Einleitung geschrieben habe, ist der Koran in gewisser Weise wie ein großer Supermarkt – man findet dort fast alles: Mitgefühl und Hass; Frieden und Gewalt; Toleranz und Intoleranz; Vergebung und Rache; Zusammenleben und Vertreibung von Andersgläubigen. Und wie manche Waren in einem Supermarkt haben aus meiner Sicht auch manche Koranpassagen ein Verfallsdatum.

Jeder, der den Koran genauer liest, erkennt einen klaren Widerspruch zwischen den Versen, die zu Vergebung und Mitgefühl aufrufen, und Versen, die Gewalt und Kampf bis zum Letzten fordern. Man könnte diese Widersprüche damit erklären, dass Mohamed möglicherweise eine gespaltene Persönlichkeit hatte, dass er ein Mensch war, der zwischen zwei Extremen schwankte. Dies würde aber nicht ausreichen, um alle Widersprüche im Koran zu verstehen.

Man könnte Mohamed als Machiavellisten betrachten, der pragmatisch handelte und sich der jeweiligen politischen Situation mit seinen Positionen anpasste. Als er schwach und unterdrückt war, predigte er Frieden, Freiheit und Zusammenleben, denn der Schwache ist immer angewiesen auf die Toleranz der anderen. Als er aber die Macht über die anderen hatte, wandte er sich ab von dem, was er früher gepredigt hatte und schlug einen aggressiven Ton an.
Man könnte auch etwas neutraler argumentieren und sagen, dass Mohamed in Mekka nur ein paar Dutzend Anhänger hatte und sich nicht um deren Lebensunterhalt und ihre Sicherheit kümmern musste. Wohingegen er in Medina für eine große Gemeinde verantwortlich zeichnete, die von Feinden umzingelt war. Er war nicht mehr nur geistiger Führer, sondern auch Staatsoberhaupt, Verteidigungsminister, Finanzminister, Gesetzgeber, Richter und Polizeiapparat zugleich – und das zehn Jahre lang. Seine sich wandelnde ganz persönliche Rolle floss ebenso in Koran-Passagen ein wie die Ereignisse in und um diesen frischgebackenen Staat in Arabien. Sie beschreiben die Realität von damals, die uns heute eher befremdlich erscheinen mag.
Mohamed führte seine Gemeinde 23 Jahre lang, seine Anhänger trugen ständig Fragen an ihn heran: zu ihrem Alltag, zu Politik und Ökonomie, Krieg und Frieden, der Gabe von Almosen, zum Erbrecht, zur Sexualität, dem Konsum von Alkohol usw. Der Koran reagierte auf ihre Fragen, und so sind Regeln entstanden, die bis heute als Gesetze der Scharia Gültigkeit haben, wie etwa der Umgang mit Heirat und Scheidung, die Bestrafung von Dieben und Ehebrechern, das Erbrecht und der Umgang mit Krediten, bis hin zur Meidung der Ehefrauen während der Regelblutung.
Viele dieser Regeln waren für die damalige Zeit notwendig

und vielleicht sogar fortschrittlich, doch man sollte sie als Reaktion auf die Bedürfnisse der Gemeinde und ihres spezifischen Lebensraums verstehen. Sie können keine Antworten geben auf Fragen, die das Leben in einer multireligiösen und multikulturellen Gesellschaft wie der heutigen stellt.
Im Grunde war der Koran damals kommunikativer als heute. Er war offen für die Fragen der Gläubigen, solange sie den Propheten nicht in Erklärungsnot brachten. Auch wenn Mohamed sich manchmal wie ein Tyrann verhielt, hatte er ein offenes Ohr für die Sorgen und Bedürfnisse seiner Gemeinde. Viele Passagen über Fragen des Alltags und des Rechts entstanden erst durch Interaktion. Heute dagegen wird der Koran als ein abgeschlossener, perfekter kanonischer Text angesehen. Die Maxime lautet: Gott hat sein letztes Wort gesprochen. Gläubige haben mit ihm nicht zu verhandeln, sondern seinem Wort zu folgen, denn Allah weiß es besser, und alles was er befiehlt, kommt dem Menschen zugute, auch wenn es manchmal nicht danach aussehen mag.
Dieser Endgültigkeitsanspruch ignoriert, dass die vielen positiven, friedlichen Passagen im Koran – genau wie die Kriegspassagen – in einem bestimmten Kontext entstanden sind. Aus ihm sind sie zu erklären, an ihn sind sie gebunden. Viele dieser Passagen wurden sogar noch zu Lebzeiten Mohameds durch andere Verse aufgehoben. Allein das ist ein Fingerzeig, dass das Wort Gottes offenbar nicht in Stein gemeißelt war. Warum sollte etwas falsch sein oder überholt, was bis dahin Gesetz gewesen war? Das geht nur dann, wenn sich die Umstände geändert hatten und der Koran darauf reagieren musste.

Miteinander der Religionen oder innerislamischer Wettbewerb?

Sehen wir uns also einige Friedens- und Gewaltpassagen im Kontext ihrer Entstehung etwas genauer an: Ein Vers, der bei »Dialog-Veranstaltungen« zwischen Muslimen und Nicht-Muslimen gerne zitiert wird, lautet:

> »O ihr Menschen, siehe, wir erschufen euch von einem Mann und einer Frau und machten euch zu Völkern und Stämmen, damit ihr (Folgendes) erkennt: Der am höchsten Geehrte unter euch vor Allah ist der Gottesfürchtigste unter euch; siehe, Allah ist wissend und kundig.« (Sure 49:13)

Dieser Vers soll belegen, dass der Islam religiöse Vielfalt nicht nur duldet, sondern sogar fördert, denn Allah wollte, dass die unterschiedlichen Völker (mit ihren unterschiedlichen Religionen) in Frieden zusammenleben. Doch bereits im zweiten Teil des Verses wird deutlich, dass es hier nicht um Glaubensfreiheit geht, sondern bereits eine Abstufung vorgenommen wird: »Der am höchsten Geehrte unter euch vor Allah ist der Gottesfürchtigste unter euch.«

Der frühe Koran-Kommentator al-Tabari sieht hierin keineswegs eine Anerkennung anderer Religionen und interpretiert die Formulierung so: Derjenige, der die Rituale des Islam durchführe, seine Gebote und Verbote achte, sei der am höchsten Geehrte und Gottesfürchtigste.[5]

Ähnlich verfährt Koran-Kommentator al-Qurtubi (* 1214 im spanischen Córdoba, † 1272 in Oberägypten; er war ein Gelehrter der malikitischen Rechtsschule), der zudem schreibt, der Vers reagiere auf eine konkrete Situation: Mohamed

wollte einen muslimischen Mann aus einem unbedeutenden Stamm mit einem Mädchen aus dem edlen Stamm der Bayada verheiraten, der sich ebenfalls zum Islam bekannte. Doch die Stammesführer lehnten ab, da der Freier nicht ihrem Niveau entsprach. Der Vers sei offenbart worden, um die Eheschließung am Ende doch zu ermöglichen: Die Stämme mochten unterschiedlicher Abstammung sein, doch in ihrem Glauben an Allah waren sei eins.[6] Mohamed hat ganz offensichtlich sehr pragmatisch agiert: In den ersten Jahren in Medina fühlten sich die wenigen Anhänger des Propheten ihren Stämmen noch sehr tief verbunden, selbst wenn diese den Islam ablehnten. Deshalb wollte Mohamed das altarabische Prinzip der Blutsverwandtschaft durch das Prinzip des gemeinsamen Glaubens ersetzen. Nicht mehr familiäre Bande, allein die Loyalität zum Propheten und die Ehrfurcht vor Allah sollten der Maßstab sein.
Von diesem Prinzip rückte er erst wieder ein Stück weit ab, als er Mekka zurückerobern wollte und auf militärische Unterstützung angewiesen war. Er schmiedete Allianzen mit Stammesführern, die er vorher noch abgelehnt hatte, und sagte: »Die Menschen sind wie Edelmetalle, der beste unter ihnen vor dem Islam ist der beste unter ihnen nach dem Islam«.[7] Sogar die Tradition der Pilgerfahrt – eigentlich ein heidnischer Brauch – ließ er als Zugeständnis an die Stammesfürsten wiederaufleben.

Mit anderen Worten: Der so gerne zitierte Vers bezeichnet nicht unterschiedliche Völker und Religionen, sondern bezieht sich auf die Vielfalt der Stämme *innerhalb* des Islam. Der Wettbewerb im Ringen um die höchste Gottesfurcht ist nur innerislamisch möglich. Wer mehr betet und mehr gute Taten vollbringt, ist der am höchsten Geehrte bei Allah. Wer in diesem Wettbewerb besonders gut abschneidet, kann auch auf einen Eintrittsschein ins Paradies hoffen. Allerdings sind nicht alle Muslime automatisch zukünftige Bewohner der Gärten von Eden. Nur die besten unter ihnen sind die Auserwählten. Sündige Muslime und Angehörige anderer Religionen müssen leider draußen bleiben. (Die Haltung des Korans zu anderen Religionen werde ich in einem weiteren Kapitel behandeln.) Über die Ungläubigen braucht man gar nicht erst zu reden.

Die Ohnmacht des Propheten

Nun könnte man einwerfen, dass es doch im Koran zahlreiche Verse gibt, nach denen der Prophet niemanden zum Glauben zwingen darf. Das ist richtig. Allerdings stammen diese fast ausschließlich aus der mekkanischen Zeit, in der Mohamed schlicht nicht das Zeug hatte, irgendjemanden zu irgendetwas zu zwingen.
In einem imaginären Dialog tadelt Allah den enttäuschten Mohamed, der verbittert darüber ist, dass kaum jemand an seine Botschaft glaubt:

> »Und wenn dein Herr gewollt hätte, so würden alle auf der Erde insgesamt gläubig werden. Willst du etwa die Leute zwingen, gläubig zu werden?« (Sure 10:99)

Und in Sure 6 heißt es:

> »Und wenn dir ihre Abkehr schwerfällt und wenn du imstande bist, einen Schacht in der Erde zu finden oder eine

> Leiter in den Himmel, auf dass du ihnen ein Zeichen brächtest, und so Allah wollte, so versammelte er sie unter diesem Zeichen; drum sei keiner der Unwissenden.« (Sure 6:35)

Sieht man sich diese beiden Suren genauer an, wird offensichtlich, dass Allah die Mittel hätte, den Menschen recht zu leiten, so er das wollte. Es ist also nicht Mohameds Versagen oder liegt an seiner mangelnden Überzeugungskraft. Nur: Warum macht Gott seinem Gesandten das Leben so schwer? Gute Frage. Beide Suren klingen jedenfalls eher wie ein Selbstgespräch, in dem Mohamed sich Mut zuspricht und seinen Misserfolg auf den Willen Gottes schiebt. In den folgenden drei Versen ist das gleiche Prinzip zu finden:

> »So ermahne; du bist nur ein Mahner, du hast keine Macht über sie.« (Sure 88:21-22)

> »Nicht liegt dir ihre Leitung ob, doch Allah leitet, wen er will. Und was ihr an Gut spendet, das ist für eure Seelen. Und nicht spendet, es sei denn im Trachten nach Allahs Angesicht; und was ihr spendet an Gut, soll euch wiedergegeben werden, und nicht soll euch Unrecht geschehen.« (Sure 2:272)

> »Siehe, du kannst nicht leiten, wen du gerne möchtest; Allah aber leitet, wen er will, denn er kennt am besten die, welche sich leiten lassen.« (Sure 28:56)

Es ist eine Zwickmühle. Es gibt Ungläubige in Mekka. Allah will, dass sie an ihn glauben, dass sie ihm dienen. Also schickt er einen Propheten, doch noch immer wollen die Ungläubigen nicht glauben. Und warum? Weil Allah nicht will, dass sie glauben! Die Wege des Herrn sind wirklich unergründlich …

Was die vermeintlich behutsamen und für den Islam werbenden Passagen angeht, gibt es noch ein weiteres Problem. Verse wie der bereits erwähnte aus Sure 88 (»So ermahne; du bist nur ein Mahner, du hast keine Macht über sie«) sind laut Koranexeget al-Tabari (* 839 in Amol, † 923 in Bagdad) als zeitlich begrenzt zu betrachten. Er zitiert einen späteren aus Sure 9, der diesen getilgt habe:

> »O du Prophet, streite wider die Ungläubigen und Heuchler und verfahre hart mit ihnen. Und ihre Herberge ist *Dschehannam,* und schlimm ist die Fahrt (dorthin).«[8]

Hier ist nicht mehr die Rede von einem machtlosen Mahner, sondern von einem, der die Ungläubigen und Heuchler bekämpfen und dabei keine Milde walten lassen soll. Vergleicht man diese beiden Verse, wird der Unterschied deutlich zwischen dem frühen Mohamed mit wenigen Anhängern und dem späteren Kriegsfürst, der seine politischen Ziele mit einer starken Armee umsetzen konnte.
Gleiches gilt nach al-Tabari auch für den folgenden Vers:

> »Lade ein zum Weg deines Herrn mit Weisheit und schöner Ermahnung; und streite mit ihnen in bester Weise. Siehe, dein Herr weiß am besten, wer von seinem Wege abgeirrt ist, und er kennet am besten die Rechtgeleiteten.« (Sure 16:125)

Diese Sure gehört ebenfalls zu den mekkanischen; al-Tabari meint, diese vorsichtige Einladung, getragen von der Hoffnung, durch Weisheit zu überzeugen, habe ihre Gültigkeit verloren. Der spätere Schwert-Vers 5 aus Sure 9 habe sie getilgt. Nur für sündige Muslime gelte der Vers weiterhin. Sie solle man in friedlicher Weise ermahnen, sich von der Sünde abzuwenden und den Islam richtig zu praktizieren.[9]
Jener Schwert-Vers geht, wie wir gleich sehen werden, noch einen Schritt weiter:

> »Sind aber die heiligen Monate verflossen, so erschlaget die Götzendiener, wo ihr sie findet, und packet sie und belagert sie und lauert ihnen in jedem Hinterhalt auf. So sie jedoch bereuen und das Gebet verrichten und die Armensteuer zahlen, so lasst sie ihres Weges ziehen. Siehe, Allah ist verzeihend und barmherzig.« (Sure 9:5)

Allen Ungläubigen wird der Krieg erklärt, jeder Gläubige erhält den Auftrag, aktiv gegen sie vorzugehen. Die Ungläubigen sollen getötet werden, nur diejenigen nicht, die sich zum Islam bekehren lassen, fortan das Gebet verrichten und Tribute an den Propheten zahlen. Nur dann haben sie die Chance, die Barmherzigkeit Gottes zu erfahren und am Leben zu bleiben.
Wie war das noch einmal? Man darf niemanden zum Glauben zwingen? Wie groß mag die innere Überzeugung sein, wenn jemand mit vorgehaltener Waffe zum rechten Glauben »bekehrt« wird?
Wie tröstlich ist es da, dass es einen Vers gibt, in dem Allah Mohamed ermahnt, milde mit den Ungläubigen zu sein und ihnen zu verzeihen:

»Gebrauche Nachsicht, gebiete das Rechte und meide die Unwissenden.« (Sure 7:199)

Al-Tabari schreibt in seinem Koran-Kommentar, dass Allah seinem Gesandten befohlen hat, zehn Jahre lang nachsichtig mit den Ungläubigen zu sein. Also während der Zeit in Mekka. Der fünfte Vers aus Sure 9 (der Schwert-Vers) habe diese moderate Aussage jedoch später aufgehoben.[10]
Ein anderer Vers aus Sure 8 bestätigt dies:

»Und kämpfet wider sie, bis kein Bürgerkrieg mehr ist und bis alles an Allah glaubt.« (Sure 8:39)

Der Krieg soll also so lange weitergehen, bis die Spaltung (*fitna* im Arabischen bedeutet eher Zerwürfnis oder Spaltung, nur selten bedeutet es Bürgerkrieg) vorbei ist und *alle* an Allah glauben. Erst wenn die Religion Allahs den endgültigen Sieg errungen hat, wird Frieden einkehren, der Kampf zu Ende sein.

Kein Zwang im Glauben oder: das große Missverständnis

Sure 109 wird immer wieder zitiert als Beleg dafür, dass der Prophet das Prinzip der Glaubensfreiheit eingeführt habe. Und zwar indem er den Mekkanern praktisch die effektivste Form des Zusammenlebens nahegelegt habe – leben und leben lassen:

»Sprich: O ihr Ungläubigen, ich diene nicht dem, dem ihr dienet, und ihr seid nicht Diener dessen, dem ich diene.

Und ich bin nicht Diener dessen, dem ihr dientet, und ihr seid nicht Diener dessen, dem ich diene. Euch eure Religion und mir meine Religion.« (Sure 109:1-6)

Das klingt doch vielversprechend! Aber erstens bedeutet »Euch eure Religion und mir meine Religion« nicht, dass er ihnen zugestanden hätte, sich die Religion auszusuchen, die sie wollten. Der Satz ist eher als Abgrenzung zu verstehen. »Euch eure (falsche) Religion, mir die (richtige) Religion.« Sonst hätte er die anderen nicht gleich zu Anfang des Verses als Ungläubige bezeichnet. Zweitens gehört auch diese Sure zu den frühmekkanischen, als Mohamed nur ein arbeitsloser Prediger war.

Was tat er schließlich, als er Mekka zurückerobert hatte? Er setzte *seine* Religion mit dem Schwert durch. Er bot den besiegten Mekkanern nicht etwa an, ihre Religion zu behalten, während er die seine behielt, sondern zertrümmerte alle ihre Götzenbilder in und um Kaaba, die schon damals seit Jahrhunderten zum Kulturerbe Zentralarabiens gehörten.

Gnade ließ er walten gegenüber Familienoberhäuptern, die ihn früher gekränkt und verspottet hatten, weil er sie nun brauchte, um seine Macht in Mekka zu befestigen. Er verzieh ihnen allerdings nur, wenn sie sich zum Islam bekannten. Die anderen gab er zum Abschuss frei. Als seine Anhänger ihm mitteilten, dass die für vogelfrei Erklärten Zuflucht in der Kaaba suchten, befahl er: »Tötet sie, selbst wenn sie am Gewand der Kaaba hängen!«[11]

Unter den Getöteten waren der Dichter Abdullah ibn Khatal und seine Sklavin. Ibn Khatal hatte früher Gedichte geschrieben, in denen er Mohamed verspottete. Seine Sklavin hatte diese Gedichte vorgetragen. So viel zur Toleranz des Propheten.

Wenn nun aber immer das Prinzip gilt, »Medina sticht Mekka« – also Suren aus der späteren Zeit hebeln frühere aus –, dann muss man eben in jenen späten Suren nach Toleranz gegenüber Andersgläubigen suchen. Tatsächlich wird man fündig. In einem medinensischen Vers heißt es:

> »Es sei kein Zwang im Glauben. Klar ist nunmehr unterschieden das Rechte vom Irrtum; und wer den *Tāghūt* (den Feind des Propheten) verleugnet und an Allah glaubt, der hält sich an der stärksten Handhabe, in der kein Spalt ist; und Allah ist hörend und wissend.« (Sure 2:256)

Die frühen Kommentatoren lesen diesen Vers allerdings nicht als eine allgemeine Erlaubnis, dass jeder anbeten darf, was er will.

Al-Tabari sieht zum Beispiel, dass dieser Vers an einen bestimmten Fall gebunden war: Eine Frau hatte vor Mohameds Einwanderung nach Medina stets ihre neugeborenen Kinder verloren. Sie gelobte feierlich, dass sie, sollten die nächsten Kinder überleben, diese im jüdischen Glauben erziehen wolle. Als Mohamed nach Medina kam, hatte sie tatsächlich zwei jüdische Kinder. Auch als die Frau später den Islam annahm, änderte sich daran nichts. Die Frau geriet in ein Dilemma, nachdem Mohamed begonnen hatte, die ersten jüdischen Stämme aus der Stadt zu vertreiben. Sie wollte, dass sie zum Islam konvertieren, damit sie in Medina bleiben konnten. Doch Mohamed habe dieses Ansinnen abgelehnt, ihr Leben verschont und sie ziehen lassen. Die Kinder seien überzeugt vom jüdischen Glauben, man dürfe sie nicht zwingen, einen anderen anzunehmen.[12]

Genau in diesem Zusammenhang sei der Vers offenbart worden. Al-Tabari ist zudem der Meinung, dass dieser Vers durch noch spätere Verse aufgehoben wurde, wie zum Beispiel durch den folgenden:

> »Kämpfet wider jene von denen, welchen die Schrift gegeben ward, die nicht glauben an Allah und an den Jüngsten Tag und nicht verwehren, was Allah und sein Gesandter verwehrt haben, und nicht bekennen das Bekenntnis der Wahrheit, bis sie den Tribut aus der Hand gedemütigt entrichten.« (Sure 9:29)

Alle Kommentatoren sind sich einig, dass sich die Formulierung »welchen die Schrift gegeben ward« auf Juden und Christen bezieht. Sie sollten bekämpft werden, nicht, weil sie etwa aktiv gegen Muslime vorgingen, sondern weil die Angehörigen der beiden ersten Schriftreligionen als Ungläubige galten (auch dazu später mehr). Der Kampf sollte erst beendet werden, wenn sie gedemütigt waren und die Kopfsteuer an Mohamed entrichteten.
Wo bleibt hier die Glaubensfreiheit? Und was war von dieser vermeintlichen Glaubensfreiheit übrig, als Mohamed starb? Lebten da noch Juden in Medina? Nein. Sie waren längst vertrieben oder enthauptet. Und selbst wenn Juden und Christen nach Mohameds Tod in den eroberten Gebieten – in Ägypten, Syrien, Palästina und im Irak – unter muslimischer Herrschaft ohne große Pogrome relativ friedlich leben durften, wie kann man von Glaubensfreiheit sprechen, wenn laut Koran dieses Leben gedemütigt stattzufinden hatte?

Ein weiterer Vers zeigt, dass Religionsfreiheit nie ernsthaft angedacht war. Allah sagt im Koran über sich selbst und über Mohamed:

> »Er ist's, der seinen Gesandten mit der Leitung und der Religion der Wahrheit entsandt hat, um sie über jede andre Religion siegreich zu machen, auch wenn es den Ungläubigen zuwider ist.« (Sure 61:9)

Hier wird deutlich, dass der Islam nicht gekommen war, um neben anderen Religionen zu bestehen und mit ihnen in Frieden zu leben, sondern um den Islam über sie alle siegen zu lassen. Was Mohamed mit den Heiden, Juden und Christen Arabiens tat und wie seine Nachfolger handelten, bestätigt diese Haltung.
Liest man einen anderen Vers, ohne seinen Kontext zu kennen, könnte man den Eindruck gewinnen, dass zumindest Andersgläubige, die sich nicht gegen Muslime stellen, von Verfolgung verschont bleiben:

> »Nicht verbietet euch Allah, gegen die, die nicht in Sachen des Glaubens gegen euch gestritten oder euch aus euern Häusern getrieben haben, gütig und gerecht zu sein. Siehe, Allah liebt die gerecht Handelnden. Allah verbietet euch nur, mit denen, die euch in Sachen des Glaubens bekämpft und euch aus euern Wohnungen vertrieben und bei eurer Vertreibung geholfen haben, Freundschaft zu machen. Und wer mit ihnen Freundschaft macht, das sind die Ungerechten.« (Sure 60:8-9)

Viele Islam-Apologeten zitieren diesen Vers, um zu beweisen, dass der Islam keine pauschale Feindseligkeit gegen alle Ungläubigen kennt, sondern nur gegen jene, die gegen Mohamed kämpften und ihn und seine Anhänger einst aus Mekka vertrieben haben. Allen anderen würde man mit Güte und Gerechtigkeit begegnen.

Sehen wir uns einmal an, was verschiedene Kommentatoren dazu meinen:
Der Koran-Exeget al-Qurtubi ist der einzige, der die Ansicht vertritt, dass mit diesem Vers alle Menschen aus allen möglichen Religionen gemeint sind, die sich nicht gegen Muslime gestellt haben. Diesen solle man mit Güte und Gerechtigkeit begegnen. Im Gegensatz zu anderen Kommentatoren sieht er diesen Vers auch nicht durch spätere Koranpassagen aufgehoben, denn im Islam dürfe es keine Feindseligkeit gegen Menschen geben, die dem Islam gegenüber nicht feindselig gesinnt seien.[13]
Der Koran-Kommentator Ibn Kathīr sieht in diesem Vers hingegen keine allgemeine Erlaubnis, sich mit Nicht-Muslimen anzufreunden. Er meint, das beziehe sich lediglich auf Frauen und Kinder der Ungläubigen, da diese ohnehin kampfunfähig seien.[14]
Al-Tabari schreibt, dieser Vers habe einen bestimmten Kontext: Mohameds Ehefrau Aischa hatte eine Stiefschwester namens Asmaa'. Asmaa' glaubte an Mohamed, ihre Mutter hingegen nicht. Eines Tages kam sie, um ihre Tochter zu besuchen, und brachte ihr Geschenke mit. Doch Asmaa' verstieß ihre Mutter, weil sie ungläubig war. Anschließend fühlte sie sich sehr schlecht, suchte den Propheten auf und wollte von ihm wissen, wie sie in Zukunft mit ihrer Mutter verfahren sollte. Daraufhin sei dieser Vers offenbart worden, mit dem Asmaa' erlaubt wurde, weiterhin Umgang mit ihrer Mutter zu haben. Eigentlich eine schöne Geste. Am Ende seiner Ausführungen erinnert al-Tabari allerdings daran, dass dieser Vers nur zeitlich begrenzt war und durch spätere Verse aufgehoben wurde. Durch jene, die die Gläubigen auffordern, gegen alle Ungläubigen zu kämpfen.
Al-Tabari nennt noch einen weiteren Kontext dieses Verses.

Er soll sich an jene gläubigen Muslime richten, die seinerzeit nicht mit Mohamed von Mekka nach Medina auswanderten. Anfangs war der Prophet sehr erzürnt über sie; er verbot den Auswanderern sogar, die Zurückgebliebenen zu kontaktieren:

> »Siehe, diejenigen, welche glauben und ausgewandert sind und mit Gut und Blut für Allahs Weg stritten und die (ihnen) Herberge und Hilfe gewährten, die sollen sein einer des andern Verwandter. Und jene, welche glauben, aber nicht auswanderten, die sollen in nichts in Verwandtschaft mit euch stehen, ehe sie nicht ausgewandert sind.« (Sure 8:72)

Hier wird deutlich, dass es Mohamed offensichtlich nicht in erster Linie um den Glauben ging, sondern um die Gefolgschaft. Wer ihm diese Gefolgschaft verweigerte, war automatisch sein Feind, unabhängig davon, an was er glaubte. Polytheisten, Juden und sogar Muslime, die ihm nicht nach Medina gefolgt waren, bekamen dies zu spüren.
Das Prinzip »Wer nicht mit uns ist, ist gegen uns« ist bis heute eine Säule der klassischen islamischen Erziehung. Aus dieser Haltung entstand das spätere Prinzip des »Loslassens und der Loyalität« *(al-walaa' wal-baraa'),* das der mittelalterliche Islam-Gelehrte Ibn Taiymīya (* 1263 in Harran, † 1328 in Damaskus) einführte und das bis heute nicht nur Wahabbiten und Salafisten für richtig halten, sondern auch viele gemäßigtere Muslime. *Walaa'* bedeutet Freundschaft und Loyalität, und diese sollte ein Muslim nur mit einem wahren Muslim pflegen. *Baraa'* bedeutet Loslassen; es ist das erste Wort der Sure 9, in welcher Allah den Gläubigen befiehlt, sich von den Ungläubigen zu lösen, die Frie-

densverträge mit ihnen aufzukündigen und sie zu töten, wo auch immer sie sie finden.

Es gibt weitere Verse im Koran, die das Prinzip von Loyalität und Loslassen bestätigen und damit die Idee eines friedlichen Zusammenlebens zunichtemachen:

> »O ihr, die ihr glaubt, nehmt nicht die Juden und Christen zu Freunden; einander nehmen sie zu Freunden, und wer von euch sie zu Freunden nimmt, siehe, der ist von ihnen. Siehe, Allah leitet nicht ungerechte Leute. Und so schaust du die, deren Herz krank ist, zu ihnen um die Wette laufen und sprechen: ›Wir fürchten, es möchte uns ein Glückswechsel befallen.‹ Aber vielleicht, dass Allah den Sieg bringt oder eine Sache von sich, sodass sie bereuen, was sie in ihren Herzen geheim hielten. Und die Gläubigen werden sprechen: ›Sind dies etwa die, welche bei Allah ihren heiligsten Eid schwuren, dass sie zu euch stehen?‹ Eitel sind ihre Werke, und sie werden verloren sein.« (Sure 5:51-53)

Kapitel 5
Krieg und Frieden im Koran

Nichts ist verwirrender als eine Gegenüberstellung von Friedens- und Gewaltpassagen des Korans. Diese Verwirrung ist aus mehreren Problemfeldern entstanden. Da wäre zunächst die Begrifflichkeit. Was genau ist mit »Frieden« gemeint? Sind die heute verwendeten arabischen Begriffe *silm/salam* mit den im 7. Jahrhundert und somit im Koran verwendeten Begriffen *silm/salam* identisch? Und sind diese wiederum mit den Begriffen peace/paix/Frieden identisch? Was ist der Unterschied zwischen *qital/harb* und *Dschihad?* Was ist mit »Haus des Friedens/Heils« im Koran gemeint?

Die zweite Problematik ist die der Chronologie. Welcher Vers kam zuerst? Welcher hat Gültigkeit und welcher wurde aufgehoben? In welchen Kontexten sind Friedens- und Gewaltpassagen entstanden?

Mit dem Begriff *salam* bezeichnete man zu Mohameds Zeiten nicht einen dauerhaften Friedenszustand, sondern einen zeitlich begrenzten Waffenstillstand. Als pragmatischer Feldherr brauchte Mohamed gelegentliche Phasen der Waffenruhe, um seine Truppen neu zu organisieren. Auch das ist im Koran dokumentiert. Mit Frieden, so wie wir das heute verstehen, meint der Koran eine Zeit, in welcher der Islam herrscht und in der die Gebiete seines Herrschaftsbereichs befriedet sind.

Problematischer als die Kriegspassagen, die man durchaus in ihrem Kontext entschärfen kann, sind jene Textstellen über das Töten. Da, wo es um Leben und Tod geht, ist der Koran oft vage und lässt jedem Raum für Interpretationen. Und die reichen – auch hier bleibt sich der Koran in seiner Widersprüchlichkeit treu – von einem Tötungsverbot bis hin zur Erlaubnis von Massakern und Verstümmelung.

Töten ist Sünde

Es gibt zwei Passagen im Koran, die das Töten als ein schweres Vergehen betrachten:

> »Sprich: ›Kommet her, verkünden will ich, was euer Herr euch verboten: Ihr sollt ihm nichts an die Seite stellen, und den Eltern sollt ihr Gutes tun; und nicht sollt ihr eure Kinder aus Armut töten, wir werden euch und sie versorgen; und nähert euch nicht Schändlichkeiten, den öffentlichen und geheimen; und tötet kein Leben, das Allah verwehrt hat, es sei denn mit gerechtem Grund. Das hat er euch geboten; vielleicht begreift ihr es.‹« (Sure 6:151-152)

Das Tötungsverbot ist hier klar ausgesprochen, doch scheint der Zusatz »es sei denn mit gerechtem Grund« in bestimmten Situationen eine Tötung zu legitimieren.
Der zweite Vers, der das Töten für eine große Sünde hält, lautet:

> »Aus diesem Grunde haben wir den Kindern Israels verordnet, dass wer eine Seele ermordet, ohne dass er einen Mord oder eine Gewalttat im Lande begangen hat, soll sein wie einer, der die ganze Menschheit ermordet hat.

> Und wer einen am Leben erhält, soll sein, als hätte er die ganze Menschheit am Leben erhalten. Und es kamen zu ihnen unsre Gesandten mit den deutlichen Zeichen; dann aber waren viele von ihnen ausschweifend auf Erden.« (Sure 5:32)

Oft wird dieser Vers bewusst nur verkürzt als »Wer eine Seele ermordet, soll sein wie einer, der die ganze Menschheit ermordet hat. Und wer einen am Leben erhält, soll sein, als hätte er die ganze Menschheit am Leben erhalten« wiedergegeben. Der Anfang wird weggelassen, um den Eindruck zu erwecken, es handele sich hier um ein islamisches Gebot.

Tatsächlich ist es ein Zitat aus dem Talmud, welches das jüdische Tötungsverbot »Du sollst nicht töten« untermauert. Im Koran kommt dieser Vers nach einer langen Passage, die die Geschichte von Kain und Abel erzählt. Weil der älteste Sohn Adams seinen jüngeren Bruder getötet hatte, habe Gott den Juden mitgeteilt, dass die Tötung einer einzigen Seele so schwer wiegt wie die Tötung der gesamten Menschheit.

Die islamische Haltung zum Töten steht bereits im darauffolgenden Vers in der gleichen Sure:

> »Siehe, der Lohn derer, welche Allah und seinen Gesandten befehden und Verderben auf der Erde betreiben, ist nur der, dass sie getötet oder gekreuzigt oder an Händen und Füßen wechselseitig verstümmelt oder aus dem Lande vertrieben werden. Das ist ihr Lohn hienieden, und im Jenseits wird ihnen schmerzliche Strafe zuteil.« (Sure 5:33)

Wie schon Sure 7:152 ist auch dies ein »Gummi-Vers«, der Raum für Interpretationen lässt. Es geht um Leben und Tod, und dennoch bleibt der Koran vage. Was bedeutet »welche Allah und seinen Gesandten befehden und Verderben auf der Erde betreiben«? Die Koran-Kommentatoren und Rechtsgelehrten ließen und lassen bei der Auslegung ihrer Phantasie freien Lauf. Manche gehen davon aus, dass damit Kämpfer gemeint waren, die mit Waffengewalt gegen den Propheten vorgingen. Andere sind der Auffassung, damit seien Straßenräuber und Schläger gemeint, die den inneren Frieden der Gemeinde störten.

Der Kommentator al-Tabari erzählt in diesem Kontext die Geschichte von Straßenräubern aus dem Stamm A'rina, die den Propheten betrogen und ihre Bekehrung zum Islam nur vorgetäuscht hätten. Sie fuhren fort mit ihrem ungezügelten Leben, töteten einen Hirten, stahlen Kamele, die Mohameds Gemeinde gehörten und zogen von dannen. Mohamed habe sie ergreifen lassen und zur Strafe an Händen und Beinen verstümmelt, ihre Augen durch einen glühenden Nagel erblinden und sie anschließend in sengender Hitze verdursten lassen. Dieser Vorfall soll der Grund dafür gewesen sein, warum dieser Vers offenbart wurde.

Die gleiche Erzählung findet sich auch in der anerkannten Hadith-Sammlung Sahīh al-Bukhāri.[15] Andere Rechtsgelehrte jedoch sehen jeden, der vom Islam abfällt, den Propheten beleidigt oder einen Muslim daran hindert, die Botschaft des Islam zu verkünden, als einen Feind Allahs, der diese Strafen verdient. Selbst Muslime, die das Gebet nicht verrichten, gelten etwa für Imam Ahmad Ibn Hanbal (* 780 in Bagdad, † 855 ebenda), Gründer der ersten Rechtsschule im Islam, als Sünder, die mit dem Tode bestraft werden sollen. Die restlichen drei Rechtsschulen sind da gnädiger: Wer nicht betet, sollte ein Ultimatum gestellt bekommen und zur Reue angehalten werden. Für den Fall, dass dies alles nichts hilft, soll der Gebetsverweigerer getötet werden.[16]

Vom Gewaltverzicht zum »totalen Krieg«

Liest man den Koran chronologisch, stellt man fest, dass sich im Koran anfangs keinerlei Stellungnahmen zum Krieg finden. Im Gegenteil, die Verse rufen eher zum Gewaltverzicht auf. In einer zweiten Phase erteilt der Koran die Erlaubnis, sich im Falle eines Angriffs zu verteidigen. In einem dritten Schritt folgt die Verherrlichung des Krieges und des Martyriums, bis schließlich die Phase des totalen Krieges gegen alle Ungläubigen eingeleitet wird.
Wie kam es dazu?
Bekanntlich hatte Mohamed in Mekka keine Armee und nur wenige Anhänger, deshalb machte Säbelrasseln keinen Sinn. Viele mekkanische Verse mahnen die Gläubigen daher zu Geduld und Nachsicht. Auf Spott und Kränkung sollten sie mit Vergebung antworten, mit guten Taten und schöner Rede, wie es zum Beispiel in Sure 41 steht:

> »Und wer führt schönere Rede, als wer zu Allah einlädt und das Rechte tut und spricht: ›Ich bin einer der Muslime‹? Und nicht ist gleich das Gute und das Böse. Wehre (das Böse) ab mit dem Bessern, und siehe, der, zwischen dem und dir Feindschaft war, wird sein gleich einem warmen Freund.« (Sure 41:33-34)

Ein weiterer Vers aus der mekkanischen Zeit gemahnt auch den Propheten, seinen Feinden zu vergeben:

> »Und wir erschufen die Himmel und die Erde und was zwischen beiden (ist) nur zur Wahrheit, und wahrlich, die Stunde (des Sieges) kommt. Drum vergib (o Muhammad) in schöner Vergebung.« (Sure 15:85)

Kommentator al-Tabari ist der Auffassung, dass diese vergebende Haltung einmal mehr nur auf die Jahre in Mekka begrenzt war, denn Allah erlaubte seinem Propheten später, gegen die Ungläubigen zunächst »hart« vorzugehen, und in einer weiteren Steigerung, sie zu töten.[17]

Der erste Vers, der die Saat für den bewaffneten Dschihad legt, ist nach Ansicht der Exegeten der folgende:

> »Gewähr ist denen gegeben, die bekämpft wurden, dieweil ihnen Gewalt angetan ward; und siehe, wahrlich, Allah hat Macht, ihnen beizustehen: Jene, die schuldlos aus ihren Wohnungen vertrieben wurden, nur, weil sie sprechen: ›Unser ist Allah.‹ Und wofern nicht Allah den einen Menschen durch die andern wehrte, wahrlich, so wären Klöster, Kirchen, Bethäuser und Moscheen, in denen Allahs Name (so) häufig genannt wird, zerstört. Und wem Allah helfen will, dem hilft er wahrlich. Siehe, Allah ist stark und mächtig.« (Sure 22:39-40)

Dieser Vers ist kein Aufruf zur Aggression um der Gewalt willen, sondern räumt den Gläubigen das Recht auf Selbstverteidigung ein; erlittenes Unrecht darf vergolten werden. Sehen wir uns den historischen Kontext dieses Verses genauer an. Aus dem Koran allein lässt sich nicht erschließen, ob es Mohamed war, der den Krieg mit den Mekkanern anzettelte, oder ob es umgekehrt war und der Krieg damit ein Akt der Selbstverteidigung. Die Biographie des Propheten und die Hadithe zeichnen allerdings ein recht eindeutiges Bild: Mohamed wollte die Handelskarawanen der Mekkaner plündern, um seine Anhänger zu entschädigen, die beim Weggang aus der Heimat ihr Hab und Gut zurücklassen mussten. So sei es zu der ersten Schlacht von Badr gekommen.

Bis heute gedenken Muslime weltweit jedes Jahr während des Ramadan dieser Schlacht, denn sie endete mit dem Sieg des Propheten. Er wird als ein Meilenstein gefeiert, denn mit ihm begann die wahre Gründung und Festigung der Gemeinde Mohameds in Medina. Das Problem ist aber, dass mit diesem Sieg nicht nur die Mystifizierung des Martyriums begann, sondern auch die unheilvolle Allianz von Glaube und Krieg. Denn die Geschichte dieser Schlacht wird im Koran nicht als eine unausweichliche, notwendige Kampfhandlung, sondern als Teil eines Gottesplans beschrieben. Allah lässt den Gläubigen via Koran mitteilen, er selbst sei »Kriegsteilnehmer« gewesen und habe die Ungläubigen stellvertretend für Mohamed und seine Anhänger getötet:

> »Und nicht erschlugt ihr sie, sondern Allah erschlug sie; und nicht warfst du, als du warfst, sondern Allah warf.« (Sure 8:17)

Zusätzlich habe er seine Engel zur Unterstützung der Gläubigen als Soldaten ins Feld geschickt:

> »Und auch bei Badr half euch Allah, als ihr verächtlich erschienet; drum fürchtet Allah; vielleicht seid ihr dankbar. Als du zu den Gläubigen sprachst: ›Genügt es euch denn nicht, dass euer Herr euch mit dreitausend herniedergesendeten Engeln hilft?‹ ›Ja, wenn ihr standhaft und gottesfürchtig seid und sie über euch kommen in wilder Hast, wird euer Herr euch helfen mit fünftausend gezeichneten Engeln.‹« (Sure 3:124-125)

Diesen Engeln gibt Allah sogar Anweisung, wie genau sie die Ungläubigen in der Schlacht töten sollen:

> »Als dein Herr den Engeln offenbarte: ›Ich bin mit euch, festigt drum die Gläubigen. Wahrlich, in die Herzen der Ungläubigen werfe ich Schrecken. So haut ein auf ihre Hälse und haut ihnen jeden Finger ab.« (Sure 8:12)

So gesehen nehmen die IS-Kämpfer nicht nur den Propheten zum Vorbild, wenn sie die Ungläubigen enthaupten, sondern auch die von Gott gesandten Engel.

Gottesdienst und Märtyrer-Kult

In dem Moment, in dem Allah selbst in den Kampf eingreift und tötet, ist die Teilnahme am Kampf nicht mehr nur ein zweifelhaftes Mittel der Politik, sondern wird zum Gottesdienst. Der höchste Diener ist der Märtyrer, nur er kann sich sicher sein, direkt ins Paradies zu gelangen. Mehrere Passagen im Koran bestätigen diesen Sonderstatus des Märtyrers:

»Und sprechet nicht von denen, die erschlagen wurden in Allahs Pfad: ›Sie sind tot.‹ Nein, (sprechet:) ›Sie sind lebendig.‹ Doch ihr versteht es nicht.« (Sure 2:154)

Allah ermutigt die Gläubigen, aktiv in den Kampf zu ziehen und dort auch zu sterben:

»O ihr, die ihr glaubt, seid nicht gleich den Ungläubigen, die da sprechen von ihren Brüdern, da sie das Land durchwanderten oder auf Kriegszug waren: ›Wären sie bei uns geblieben, sie wären nicht gestorben und nicht erschlagen.‹ Allah bestimmte dies als Kummer für ihre Herzen. Und Allah macht lebendig und tot, und Allah schaut euer Tun.« (Sure 3:156)

Allah selbst verleiht den Märtyrern diesen Kultstatus. Sie sind nicht tot, wenn sie sterben für die Sache Gottes, sondern sie leben weiter, zufrieden und von Freude erfüllt:

»Und wähnet nicht die in Allahs Weg Gefallenen für tot; nein, lebend bei ihrem Herrn, werden sie versorgt. Freudig über das, was Allah von seiner Huld ihnen gab, und von Freude erfüllt über die hinter ihnen, die sie noch nicht eingeholt (haben), dass keine Furcht über sie kommen wird und sie nicht trauern werden. Von Freude erfüllt über die Gnaden von Allah und Huld, und dass Allah den Lohn der Gläubigen nicht verlorengehen lässt.« (Sure 3:169-171)

Man muss sich nicht wundern, dass Islamisten heute weltweit diesen Märtyrerkult pflegen und solche Passagen des Korans zitieren, um junge Muslime für den Dschihad zu begeistern. Es fällt radikalen Rattenfängern leichter, einen frustrierten jungen Mann für den Kampf zu begeistern, wenn sie ihn glauben machen können, dass Allah und die Engel an seiner Seite kämpfen werden. Und dass er – egal wie der Kampf ausgeht – auf der Seite der Gewinner stehen wird. Gewinnen die Islamisten die Schlacht, gibt es Landgewinn und Kriegsbeute und schöne Sklavinnen. Fällt man im Kampf als Märtyrer, kommt man direkt ins Paradies und lebt in ewiger Freude.

Läuft man heute durch die Straßen von Gaza, Beirut, Bagdad oder Sanaa', sieht man an Mauern und Hauswänden Porträts der gefallenen Märtyrer hängen, darunter stehen Lobgesänge. Selbst während des arabischen Frühlings, der ja anfangs von säkularen Kräften getragen wurde, war dieser Märtyrerkult beim Gedenken an getötete Demonstranten in Ägypten und Tunesien allgegenwärtig.

Sehen wir uns den Kontext an, in dem diese Passagen ursprünglich entstanden: Mohamed wollte, wie bereits erwähnt, in den Kampf ziehen, um das Gut seiner Anhänger zurückzuholen. Man sollte meinen, dass dieses Vorhaben auf Begeisterung stieß. Doch Allah benötigt mehrere Verse, um die Gläubigen für diese erste Schlacht, die doch ganz in ihrem Interesse gewesen sein müsste, zu motivieren:

> »Vorgeschrieben ist euch der Kampf, doch ist er euch ein Abscheu. Aber vielleicht verabscheut ihr ein Ding, das gut für euch ist, und vielleicht liebt ihr ein Ding, das schlecht für euch ist; und Allah weiß, ihr aber wisset nicht.« (Sure 2:216)

In diesem Vers wird eine bemerkenswerte Entwicklung sichtbar: Bislang hatten die Gläubigen nur dann einen Kampf führen dürfen, wenn eine klare Legitimation dafür vorlag, etwa ein Angriff von außen. Nun war der Kampf plötzlich vorgeschrieben, ein Befehl, dem die Gläubigen offenbar mit wenig Begeisterung Folge leisten wollten. Es klingt ganz so, als hätten nicht die Gläubigen, sondern Allah und sein Gesandter Mohamed die Auseinandersetzung gesucht.

All das lässt Zweifel an der Theorie der Selbstverteidigung aufkommen. Laut Biographie und Hadithen wurden nicht Mohamed und seine Anhänger angegriffen, sondern der Prophet wollte die Mekkaner angreifen. Hätte es sich um einen Akt der Selbstverteidigung gehandelt, hätte es keines Befehls und schon gar nicht einer zusätzlichen Motivation bedurft. Eine Erlaubnis hätte gereicht, um zu den Waffen zu greifen, und die Attackierten wären dem sicher gerne nachgekommen.

Wozu also dieser Vers? Von Islamisten wird er als Beleg dafür verwendet, dass der Dschihad Pflicht eines jeden Muslims sei, denn Allah hat es vorgeschrieben. Und mehr noch: Er tadelt all jene, die zwar an Mohamed glauben, jedoch aus unterschiedlichen Gründen nicht in den Krieg ziehen wollen. Allah schimpft über sie und will sie gleichzeitig für den Kampf begeistern:

> »O ihr, die ihr glaubt, seid auf eurer Hut und rücket in Trupps aus oder rücket aus in Masse. Und wahrlich, unter euch gibt's welche, die zurückbleiben; und so euch ein Unglück trifft, sprechen sie: ›Uns ist Allah gnädig gewesen, dass wir nicht bei ihnen waren.‹ So euch aber eine Huld von Allah zuteil wird, wahrlich, dann sprechen sie – wiewohl zwischen euch und ihnen keine Freundschaft

war –: ›Ach wäre ich doch bei ihnen gewesen, dann hätte ich großes Glück davongetragen!‹ Und so soll kämpfen in Allahs Weg, wer das irdische Leben verkauft für das Jenseits. Und wer da kämpft in Allahs Weg, falle er oder siege er, wahrlich, dem geben wir gewaltigen Lohn. Und was ist euch, dass ihr nicht kämpfet in Allahs Weg und für die schwachen unter den Männern und die Frauen und Kinder, die da sprechen: ›Unser Herr, führe uns hinaus aus dieser Stadt voll tyrannischer Bewohner, und gib uns von dir her einen Beschützer, und gib uns von dir her einen Helfer.‹ Wer da glaubt, kämpft in Allahs Weg, und wer da nicht glaubt, kämpft im Weg des *Tāghūt*. So bekämpfet des Satans Freunde. Siehe, des Satans List ist schwach. Sahst du nicht auf die, zu denen gesprochen ward: ›Hemmet eure Hände (vom Kampf) und verrichtet das Gebet und zahlet die Armenspende?‹ Doch wenn ihnen der Kampf vorgeschrieben wird, dann fürchtet ein Teil von ihnen die Menschen, wie sie Allah fürchten, ja noch mehr, und sprechen: ›Unser Herr, warum schriebst du uns den Kampf vor und verziehst nicht mit uns bis zum nahen Termin?‹ Sprich: ›Der Nießbrauch der Welt ist winzig, und das Jenseits ist besser für den Gottesfürchtigen; und nicht sollt ihr um eines Dattelkerns Fädchen Unrecht erleiden.‹ Wo immer ihr seid, einholen wird euch der Tod, auch wenn ihr wäret in ragenden Türmen. Und so ihnen ein Gutes widerfährt, sprechen sie: ›Dieses ist von Allah.‹ Und so ihnen ein Übles widerfährt, sprechen sie: ›Dieses ist von dir.‹ Sprich: ›Alles ist von Allah.‹ (...) Wer dem Gesandten gehorcht, der gehorcht Allah, und wer den Rücken kehrt, so haben wir dich nicht entsandt zum Hüter über sie.« (Sure 4:71-80)

Auch hier wird die These untermauert, man könne kein guter Muslim sein, ohne für die Sache Gottes zu kämpfen. Nur wer das irdische Leben für das Jenseits gibt und sein Blut für Allah opfert, ist der wahre Gläubige. Am Ende wird allerdings schon klar, dass der Einzug in den Kampf Mohameds Wunsch war. Nicht umsonst ermahnt der letzte Vers die Gläubigen: »Wer dem Gesandten gehorcht, der gehorcht Allah!«

Der vorausschauende Kriegsfürst

Man darf nicht vergessen, dass Mohamed und seine Anhänger in Medina keine Berufe und somit kein Einkommen hatten. Irgendwann waren die Ersparnisse aufgebraucht, und die Gemeinschaft benötigte neue Einnahmequellen. Überfälle auf Karawanen und Kriege sollten hier Abhilfe schaffen. In der Tat brachte gleich die erste Schlacht Mohamed viel Geld ein, denn zahlreiche Mekkaner fielen ihm als Kriegsgefangene in die Hände, die er nach Zahlung eines hohen Lösegelds wieder freiließ. Spätestens von diesem Zeitpunkt an war der Krieg nicht mehr ein Mittel der Selbstverteidigung, sondern eher eines der Selbstversorgung. Kriegsbeute, Lösegeldzahlungen und Erlöse aus dem Verkauf von Sklaven wurden zur Haupteinnahmequelle der erstarkenden Gemeinde.

Deshalb achtete Mohamed während seines Krieges mit Mekka auch darauf, keine verbrannte Erde zu hinterlassen. Ihm ging es nicht darum, so viele Menschen wie möglich zu töten, sondern darum, möglichst viel Beute zu machen. Genau das war der Grund, warum er seinen nächsten Feldzug

gegen die Mekkaner verlor. Seine Gegner wussten um den Stellenwert von Kriegsbeute für Mohamed und lockten dessen Kämpfer mit scheinbar eilig zurückgelassenem Gut und Waffen bei Uhud in einen Hinterhalt.
Allah tadelte Mohameds Anhänger nach dieser verlorenen Schlacht und erklärte ihnen, warum er dieses Mal keine fünftausend Engel zu ihrer Unterstützung in den Kampf geschickt hatte:

> »Und wahrlich, schon hatte Allah euch sein Versprechen gehalten, als ihr sie mit seiner Erlaubnis vernichtetet, bis dass ihr verzagtet und über den Befehl strittet und rebelliertet, nachdem er euch hatte sehen lassen, was ihr wünschtet. Einige von euch verlangten nach dieser Welt und andere verlangten nach dem Jenseits. Alsdann kehrte er euch von ihnen ab (zur Flucht), um euch zu prüfen; und wahrlich, jetzt hat er euch vergeben, denn Allah ist voll Huld wider die Gläubigen. Als ihr hinaufstieget und auf niemand sahet, während der Prophet hinter euch herrief, da belohnte er euch mit Kummer über Kummer, damit ihr nicht über das euch Verlorengegangene bekümmert wäret und über das, was euch befiel. Und Allah kennt euer Tun.« (Sure 3:152-153)

Für diese Niederlage und die fehlende himmlische Unterstützung gibt es eine gute Erklärung: Gott wollte die Gläubigen prüfen und herausfinden, ob sie auch in schwierigen Zeiten zu seinem Propheten stehen. Tatsächlich wandten sich einige Muslime nach dieser Niederlage von Mohamed ab. Gott wollte ihm damit zeigen, dass er immer auf der Hut sein und zwischen Heuchlern und wahren Gläubigen unterscheiden sollte.

Und vorausschauend, wie Gott nun einmal ist, steckte hinter dieser Niederlage noch ein weiterer Grund: Die Fürsten von Mekka, die Mohamed geschlagen hatten, erlangten in ihrer Stadt höchstes Ansehen und sonnten sich in ihrem Triumph. Umso bitterer der Absturz, als Mohamed später die Stadt zurückeroberte. Ein Stück vom Kuchen der Macht konnten sie nur erlangen, wenn sie sich treu in den Dienst des Propheten stellten. Nach dem Tod Mohameds trugen einige im Zuge weiterer Eroberungskriege den Islam sogar nach Syrien, Ägypten und in den Irak.

Wenn Mohamed eines Tages die Kontrolle über Arabien erlangen wollte, wusste er (getreu dem göttlichen Plan), dass er sich früher oder später mit den Mekkanern verbünden musste. Deshalb ging er auch nicht nach dem Prinzip der verbrannten Erde vor. Deshalb entwarf er auch eine Kriegsethik, die Gewaltexzesse und das Töten von Frauen und Kindern, ja sogar das Abschneiden von Bäumen während der Kampfhandlungen verbot.
Seinen Anhängern musste er stets den Eindruck vermitteln, dass sie zwar kämpfen müssen, aber dieser Kampf auch ein gerechter ist. Er mahnte sie, nicht zu übertreiben:

> »Und bekämpft in Allahs Pfad, wer euch bekämpft; doch übertretet nicht; siehe, Allah liebt nicht die Übertreter. Und erschlagt sie, wo immer ihr auf sie stoßt, und vertreibt sie, von wannen sie euch vertrieben; denn Verführung ist schlimmer als Totschlag. Bekämpft sie jedoch nicht bei der heiligen Moschee, es sei denn, sie bekämpften euch in ihr. Greifen sie euch jedoch an, dann schlagt sie tot. Also ist der Lohn der Ungläubigen. So sie jedoch ablassen, siehe, so ist Allah verzeihend und barmherzig.

> Und bekämpfet sie, bis die Verführung aufgehört hat, und der Glauben an Allah da ist. Und so sie ablassen, so sei keine Feindschaft, außer wider die Ungerechten. Der heilige Monat – für den heiligen Monat und (für) die heiligen Stätten Vergeltung! Wenn sich einer wider euch erhebt, erhebet euch wider ihn, so wie er sich wider euch erhob, und fürchtet Allah und wisset, dass Allah mit den Gottesfürchtigen ist. Und spendet in Allahs Weg und stürzt euch nicht mit eigner Hand ins Verderben; und tut Gutes, denn siehe, Allah liebt die Gutes Tuenden.« (Sure 2:190-194)

Diese Verse zeichnen eine rationale und balancierte Vorstellung von einer Kriegssituation. Eine Hintertür für den Frieden bleibt offen, sollte die gegnerische Seite nachgeben. Erstaunlicherweise verlangt Allah gegen Ende der Passage von den Gläubigen nicht, sich ins Verderben zu stürzen, obwohl er in den Passagen davor den Tod für seine Sache zum höchsten Gut deklariert.

Frieden – Zeit zum (Wieder-)Aufrüsten

Ein Vers wird oft zitiert als Aufruf des Korans zum Frieden:

> »Sind sie aber zum Frieden geneigt, so sei auch du ihm geneigt und vertrau auf Allah; siehe, er ist der Hörende, der Wissende.« (Sure 8:61)

Doch die Koran-Kommentatoren sehen in diesem Vers lediglich die Zulassung eines strategischen Waffenstillstands, sofern dieser den Muslimen nutzt. Das bestätigt auch ein anderer Vers:

> »Werdet daher nicht matt und ladet (sie) nicht ein zum Frieden, während ihr die Oberhand habt; denn Allah ist mit euch, und nimmer betrügt er euch um eure Werke.« (Sure 47:35)

Mit anderen Worten: Muslime dürfen nicht zum Frieden aufrufen, solange sie die bessere Ausgangslage haben. Sind sie aber bedrängt und brauchen eine Verschnaufpause, um sich neu zu organisieren oder um aufzurüsten, dann können sie kurzfristig Friedensabkommen schließen. Diese können aufgekündigt werden, sobald die Gläubigen wieder zum Krieg bereit sind. Die (kurzen) Friedenszeiten sollen die Muslime gezielt nutzen:

> »So rüstet wider sie, was ihr vermögt an Kräften und Rossehaufen, damit in Schrecken zu setzen Allahs Feind und euern Feind und andre außer ihnen, die ihr nicht kennt, (die) Allah aber kennt. Und was ihr auch spendet in Allahs Weg, er wird es euch wiedergeben, und es soll euch kein Unrecht geschehen.« (Sure 8:60)

Laut al-Tabari gehen vom Islam generell keine aktiven Friedensinitiativen aus. Wenn die andere Seite aber Frieden will und dies den Muslimen nicht schadet, dürfen sie kurzfristige Verträge schließen. Hinzu kommt, dass dieser Vers durch jenen späteren aus Sure 9 aufgehoben wurde, der die Gläubigen dazu auffordert, die Ungläubigen zu töten, wo immer sie diese auch finden mögen.[18]

Wie aber passt dazu der folgende Vers?

> »O ihr, die ihr glaubt, tretet ein in das Heil insgesamt und folget nicht den Fußstapfen des Satans; siehe, er ist euch ein offenkundiger Feind.« (Sure 2:208)

In anderen Übersetzungen heißt es »tretet ein in den Frieden«, denn das arabische Wort *al-silm* bedeutet sowohl Frieden als auch Heil. Al-Tabari schreibt dazu, dass *al-silm* hier »der Islam« bedeutet. Er wiederholt, dass es im Islam keine Initiative zum Frieden gibt. Die gegnerische Seite soll um Frieden bitten.
Ein ähnlicher Vers birgt die gleiche Problematik. Dort heißt es:

> »Und Allah lädt ein zum Hause des Friedens und leitet, wen er will, auf einen rechten Pfad.« (Sure 10:25)

Das »Haus des Friedens« ist laut al-Tabari hier eine Umschreibung für das Paradies.[19] Der darauffolgende Vers erklärt den Kontext. Im Original steht *dar-al-salam*. *Al-salam* bedeutet Frieden und ist außerdem einer der neunundneunzig Namen Gottes. Somit ist *dar-al-salam* das Haus Gottes, womit das Paradies gemeint ist:

> »Denen, die Gutes taten, wird Gutes und noch mehr. Nicht sollen ihre Angesichter bedeckt werden von Schwärze oder Schmach. Sie sind des Paradieses Gefährten und werden ewig darinnen verweilen.« (Sure 10:26)

Genau aus diesem Vers ist die islamisch-theologische Unterteilung der Welt entstanden. Nach ihr wird die Welt in

drei Häuser unterteilt: *dar-al-harb* (Haus des Krieges), *dar-al-salam* (Haus des Friedens) und *dar-al-aqd* (Haus des Vertrages).
Das Haus des Krieges ist überall da, wo der Islam nicht das Sagen hat. Das Haus des Friedens wiederum umfasst alles, was unter muslimischer Herrschaft steht. Und das Haus des Vertrages ist ein zeitlich begrenzter Friedensraum, in dem Muslime mit Nicht-Muslimen koexistieren, sofern die Ungläubigen nicht gegen die Muslime aufbegehren, sie nicht an ihrem Expansionsstreben hindern, vielmehr dieses sogar unterstützen. In diesem Zusammenhang kam es sogar zu Bündnissen zwischen muslimischen Armeen und Kreuzrittern, etwa um im 13. Jahrhundert gemeinsam gegen die Mongolen zu kämpfen.

Fassen wir noch einmal zusammen: Es gibt keinen allgemeingültigen Friedensauftrag im Koran, denn hätte Allah Mohamed und seinen Anhängern tatsächlich befohlen, in einen Frieden einzutreten, hätte er im selben Vers sagen müssen, wovon sie dann leben sollten, denn zu diesem Zeitpunkt war der Krieg ihr einziges Geschäft.

Kapitel 6
Sure 9 – das allerletzte Manifest

Sure 9 gilt laut Sahīh al-Bukhāri, Hadith Nr. 4329, als die allerletzte Sure des Korans, die offenbart wurde. Deshalb gilt sie als eine Art Manifest im Manifest. In ihr wird ausführlich erklärt, wie der Prophet mit den Ungläubigen, mit den Sündern und Zweiflern unter den Muslimen, aber auch mit Juden, Christen und Steppen-Arabern zu verfahren hat. Die Sure beginnt mit der einseitigen Aufkündigung aller Friedensverträge, die in der Vergangenheit mit den Ungläubigen geschlossen worden waren. Selbst jenen, die nicht aktiv gegen Mohamed und seine Anhänger vorgegangen waren, wurde nur eine kurze Schonfrist eingeräumt. Wenn die heiligen Monate vorüber seien, sollten Mohamed und die Gläubigen über alle Ungläubigen herfallen und sie töten:

> »Schuldlosigkeit sei von Allah und seinem Gesandten denjenigen von den Götzendienern, mit denen ihr einen Vertrag geschlossen habt. Ziehet deshalb im Lande vier Monate lang umher und wisset, dass ihr Allah nicht zuschanden machen könnt und dass Allah die Ungläubigen zuschanden macht. Und eine Ankündigung sei von Allah und seinem Gesandten an die Menschen am Tag der großen Pilgerfahrt, dass Allah los und ledig der Götzendiener ist, ebenso wie sein Gesandter. Ausgenommen sind jedoch diejenigen der Götzendiener, mit denen ihr einen Vertrag geschlossen habt und die es hernach in nichts feh-

> len ließen und noch keinem wider euch beistanden. Ihnen gegenüber müsst ihr den Vertrag bis zu der (ihnen bewilligten) Frist halten. Siehe, Allah liebt die Gottesfürchtigen. Sind aber die heiligen Monate verflossen, so erschlaget die Götzendiener, wo ihr sie findet, und packet sie und belagert sie und lauert ihnen in jedem Hinterhalt auf. So sie jedoch bereuen und das Gebet verrichten und die Armensteuer zahlen, so lasst sie ihres Weges ziehen. Siehe, Allah ist verzeihend und barmherzig.« (Sure 9:1-5)

Fast die gesamte Sure 9 beschäftigt sich damit, wie mit den Ungläubigen und mit all jenen, denen Mohamed aus anderen Gründen nicht vertrauen konnte, zu verfahren ist. An einer Stelle wird der Krieg als eine Art »vorauseilende Selbstverteidigung« beschrieben. Die Anhänger Mohameds werden daran erinnert, dass die Mekkaner den Streit angefangen hätten, indem sie planten, den Propheten aus Mekka zu vertreiben. Das lag jedoch mehr als acht Jahre zurück. Und wer am Ende zu den Waffen gerufen hat, wissen wir inzwischen auch. Es scheint, als habe man dafür rückwirkend eine Rechtfertigung gebraucht:

> »Wollt ihr nicht kämpfen wider ein Volk, das seinen Eid brach und das da plant, den Gesandten zu vertreiben, und die zuerst mit euch (den Streit) angefangen haben? Fürchtet ihr sie etwa? Doch Allah ist würdiger, von euch gefürchtet zu werden, so ihr gläubig seid. Bekämpfet sie; Allah wird sie strafen durch eure Hände und sie mit Schmach bedecken und wird euch Sieg über sie verleihen und wird heilen die Herzen eines gläubigen Volks; und hinwegnehmen wird er den Zorn ihrer Herzen. Und Allah kehrt sich, zu wem er will, und Allah ist wissend und

> weise. Oder wähnt ihr, ihr würdet verlassen sein, und dass Allah noch nicht diejenigen kennt, die da stritten von euch und außer Allah und seinem Gesandten und den Gläubigen keinen zum Freund annahmen? Und Allah kennt euer Tun.« (Sure 9:13-16)

Nicht-Muslimen wird der Zutritt zur Kaaba verweigert, ein Traditionsbruch, war die Kaaba doch stets ein offener Ort für alle Araber gewesen. Mekka, seit Jahrhunderten ein multireligiöser Ort, wird mit diesem Vers monotheistisch. Nun darf nur noch der Islam bestehen, und nur diejenigen werden zum Heiligtum vorgelassen, die dem Propheten auch Steuern entrichten:

> »Den Götzendienern kommt es nicht zu, die Moscheen Allahs zu besuchen, durch ihren Unglauben wider sich selber zeugend. Sie – umsonst sind ihre Werke, und im Feuer werden sie ewig verweilen. Besuchen nur soll die Moscheen Allahs, wer da glaubt an Allah und an den Jüngsten Tag und das Gebet verrichtet und die Armensteuer zahlt und Allah allein fürchtet. Und vielleicht ist's, dass jene zu den Geleiteten gehören.« (Sure 9:17-18)

Seinen Anhängern verbietet Mohamed, ihre Eltern und Brüder zu kontaktieren, sofern diese immer noch nicht an den Propheten glaubten. Auch hier hebt ein Vers aus Sure 9 einen früheren Vers auf, der den Mitgliedern der Gemeinde noch gestattet hatte, einen guten Umgang mit ihrer ungläubigen Verwandtschaft zu pflegen. Stattdessen heißt es nun ganz nach dem Motto »Wer nicht mit uns ist, ist gegen uns«:

> »O ihr, die ihr glaubt, sehet weder in euren Vätern noch euren Brüdern Freunde, so sie den Unglauben dem Glauben vorziehen. Sprich: ›So eure Väter und eure Söhne und eure Brüder und eure Frauen und eure Sippe und das Gut, das ihr erworben, und die Ware, deren Unverkäuflichkeit ihr befürchtet, und die Wohnungen, die euch wohl gefallen, euch lieber sind als Allah und sein Gesandter und das Eifern in seinem Weg, so wartet, bis Allah mit seinem Befehl kommt.‹ Und Allah leitet nicht die Frevler.« (Sure 9:23)

Allah listet ausführlich auf, warum die Anhänger Mohameds im Ernstfall auf ihre Eltern und Brüder verzichten sollen:

> »Wahrlich, schon half euch Allah auf vielen Kampfgefilden und am Tag von Honein, als ihr stolz wäret auf eure Menge. Doch sie frommte euch nichts; und eng ward euch die Erde bei ihrer Weite; alsdann kehrtet ihr den Rücken zur Flucht. Alsdann sandte Allah seine Gegenwart auf seinen Gesandten und auf die Gläubigen nieder und sandte Heerscharen hernieder, die ihr nicht sähet, und strafte die Ungläubigen. Und das ist der Lohn der Ungläubigen. Alsdann kehrt sich Allah hernach, zu wem er will, denn Allah ist verzeihend und barmherzig.« (Sure 9:25-27)

Allah selbst hat den Gläubigen in ihren Schlachten mit unsichtbaren Soldaten den Rücken gestärkt, daher sind sie ihm zu ewigem Dank verpflichtet.

Heiliger Hass

Es ist interessant, dass gerade viele Passagen, die hasserfüllt sind, oft mit der Formulierung »Allah ist verzeihend und barmherzig« enden. Offensichtlich wollte der Verfasser des Korans damit Hass und Gewalt rechtfertigen. Ein gläubiger Kämpfer sollte nicht den Eindruck vermittelt bekommen, Menschen töten zu müssen, damit der Prophet ein Fünftel der Kriegsbeute für sich beanspruchen kann, sondern dass er dies allein für Allah tut. Und Allah ist, selbst wenn er töten lässt oder zum Hass aufruft, barmherzig.
Dieser Hass geht in der letzten Sure des Korans weiter. Schon im nächsten Vers bezeichnet Allah die Ungläubigen als »unrein«, weshalb sie sich der Kaaba nicht mehr nähern dürften:

> »O ihr, die ihr glaubt, siehe, die Götzendiener sind unrein. Drum sollen sie sich nicht nach diesem ihrem Jahr der heiligen Moschee nähern. Und so ihr dadurch Armut befürchtet, so wird euch Allah sicherlich, so er will, aus seinem Überfluss versorgen; siehe, Allah ist verzeihend und barmherzig.« (Sure 9:28)

Diese Vorstellung von der »Unreinheit« der Ungläubigen ist bis heute bei muslimischen Fundamentalisten weit verbreitet. Für sie ist ein Nicht-Muslim automatisch unrein und muss bestenfalls gemieden werden. Dieser Reinheitswahn ist ein maßgeblicher Motor der Radikalisierung. Wenn ein junger Muslim in einem nichtmuslimischen Land lebt, befindet er sich im Grunde in einer »unreinen Umgebung«, die ihn daran hindert, seinen Glauben authentisch zu leben. Er ist umgeben von lauter Ungläubigen, die Alkohol trinken und Sex außerhalb oder vor der Ehe haben. Sie verführen ihn ständig, locken ihn, eine Sünde zu begehen. Die tatsächlich oder auch nur im Geiste begangene Sünde führt zu schweren Schuldgefühlen und zu dem Wunsch, sich von der Sünde reinzuwaschen.

Im Islam gibt es nicht das Mittel der Beichte und das anschließende Ableisten der entsprechend auferlegten Buße; es ist ein wenig komplizierter, sich der »Sünde« zu entledigen. Isolation ist die erste Voraussetzung auf dem Weg der Reinigung. Islamisten treiben oft systematisch einen Keil zwischen ein neues Mitglied ihrer Gemeinschaft und dessen alte Umgebung. Selbst vor den Eltern und Geschwistern wird nicht haltgemacht, auch wenn sie Muslime sind. Dass eine solche Isolation vor allem die »Arbeit« extremistischer Kräfte erleichtert, braucht wohl nicht ausführlicher erwähnt zu werden. Die Gehirnwäsche erfolgt schrittweise: Die Familie wird diffamiert, weil sie sich ihrerseits nicht von der Gesellschaft abwendet. Das macht sie verdächtig und rückt sie in die Nähe der Ungläubigen. Unterstützt sie den radikaler werdenden Kurs nicht, hat sie den wahren Glauben nicht verstanden. Es folgen Abkehr und Hass. Hass auf diejenigen, die ihn oder sie früher verführt oder es versucht haben, dann der Hass gegen den Rest der Welt. Verfolgungswahn und Verschwörungstheorien werden Teil der Gehirnwäsche. Und am Ende kommt dann die Rache!

Diesen Prozess kann man nicht verstehen, wenn man die Logik des heiligen Hasses in Sure 9 nicht versteht. Nach der Abrechnung mit den Mekkanern sind Juden und Christen dran. Hier geht es nicht mehr »nur« um eine Streitigkeit in Sachen Glauben, sondern um die schiere Existenz von Andersgläubigen. Ihnen wird pauschal der Krieg erklärt, ohne dass sie Mohamed und seine Gemeinde angegriffen hätten:

»Kämpfet wider jene von denen, welchen die Schrift gegeben ward, die nicht glauben an Allah und an den Jüngsten Tag und nicht verwehren, was Allah und sein Gesandter verwehrt haben, und nicht bekennen das Bekenntnis der Wahrheit, bis sie den Tribut aus der Hand gedemütigt entrichten. Und es sprechen die Juden: ›Esra ist Allahs Sohn.‹ Und es sprechen die Nazarener: ›Der Messias ist Allahs Sohn.‹ Solches ist das Wort ihres Mundes. Sie führen ähnliche Reden wie die Ungläubigen von zuvor. Allah, schlag sie tot! Wie sind sie verstandeslos! Sie nehmen ihre Rabbiner und Mönche neben Allah und den Messias, den Sohn der Maria, zu Herren an, wo ihnen doch allein geboten ward, einem einzigen Gott zu dienen, außer dem es keinen Gott gibt. Preis ihm, (er steht hoch) über dem, was sie neben ihn setzen. Verlöschen wollen sie Allahs Licht mit ihrem Munde; aber Allah will allein sein Licht vollenden, auch wenn es den Ungläubigen zuwider ist. Er ist's, der entsandt hat seinen Gesandten mit der Leitung und der Religion der Wahrheit, um sie sichtbar zu machen über jede andre Religion, auch wenn es den Ungläubigen zuwider ist.« (Sure 9:29-33)

Es werden keine Gründe für den Kampf gegen Juden und Christen genannt, außer dem, dass sie den falschen Glauben haben und Mohameds Botschaft und seinen Allmachtsanspruch nicht akzeptieren. Einmal mehr rechnet Allah sogar mit den Gläubigen ab, die nicht kämpfen wollen:

»O ihr, die ihr glaubt, was war euch, dass, als zu euch gesprochen ward: ›Ziehet hinaus in Allahs Weg‹, ihr euch schwer zur Erde neigtet? Habt ihr mehr Wohlgefallen am irdischen Leben als am Jenseits? Aber der Nießbrauch des irdischen Lebens ist gegenüber dem Jenseits nur ein winziger. So ihr nicht ausziehet, wird er euch strafen mit schmerzlicher Strafe und ein andres Volk an eure Stelle setzen; und ihr schadet ihm in nichts, denn wenn ihr ihm nicht helfet, so hat ihm zuvor Allah geholfen, als ihn die Ungläubigen vertrieben, selbzweit, als beide in der Höhle waren und er zu seinem Gefährten sprach: ›Traure nicht; siehe, Allah ist mit uns.‹ Und da sandte Allah seine Gegenwart auf ihn nieder und stärkte ihn mit Heerscharen, die ihr nicht sähet, und erniedrigte das Wort der Ungläubigen und erhöhte Allahs Wort. Und Allah ist mächtig und weise. Ziehet aus, leicht und schwer, und eifert mit Gut und Blut in Allahs Weg. Solches ist besser für euch, so ihr es begreifet.« (Sure 9:38-41)

Heuchler, Steuerverweigerer und Spötter

Wie aber verfährt der Koran nun mit jenen, die sich zum Islam bekehren ließen? Wir erinnern uns an frühere Verse, nach denen diesen ihre einstige »Verirrung« vergeben werden müsse. Nun, in der letzten offenbarten Sure, wird selbst ihnen gegenüber Misstrauen und Hass gesät. Woran könnte das liegen? Ich habe bereits erwähnt, dass man mit vorgehaltener Waffe oder der Androhung von Leid und Tod schwerlich zum überzeugten glühenden Anhänger einer Sache wird. Man rettet sein Leben, indem man Ja und Amen sagt. Ein Problem, das Mohamed offenbar erkannt hat.
Seine Gemeinde war dank seiner Kriegserfolge immer größer geworden, sodass er sich irgendwann nicht mehr sicher

sein konnte, wer tatsächlich an ihn und seine Botschaft glaubt und wer nur aus Angst oder aus Opportunismus vortäuscht, ein Muslim zu sein. Einige dieser neuen Muslime murrten über verschiedene Regeln oder fanden die Steuern zu hoch. Für Mohamed Indizien, dass »Heuchler« unter seinen vermeintlichen Anhängern waren:

> »Und sie schwören bei Allah, dass sie wahrlich zu euch gehören; jedoch sind sie ein furchtsam Volk. Fänden sie nur einen Zufluchtsort oder Höhlen oder einen Schlupfwinkel, sie würden sich zu ihm wenden in wilder Hast.« (Sure 9:56-57)

> »Heuchler und Heuchlerinnen sind die einen wie die andern. Sie gebieten das Unrechte und verbieten das Rechte und schließen ihre Hände. Vergessen haben sie Allah, und so hat er sie vergessen. Siehe, die Heuchler sind Frevler. Verheißen hat Allah den Heuchlern und Heuchlerinnen und den Ungläubigen *Dschehannams* Feuer, ewig darinnen zu verweilen. Das ist ihr Genüge. Und verflucht hat sie Allah, und für sie ist ewige Strafe.« (Sure 9:67-68)

Wie reagiert Mohamed in dieser Situation? Mit Gewalt:

> »O du Prophet, streite wider die Ungläubigen und Heuchler und verfahre hart mit ihnen. Und ihre Herberge ist *Dschehannam,* und schlimm ist die Fahrt (dorthin).« (Sure 9:73)

Das Höllenfeuer ist bereitet für Ungläubige, Juden und Christen und sogar für Muslime, die wahlweise nicht aus tiefstem innerem Herzen zu glauben scheinen, die nicht ge-

nug spenden oder die nicht vom Töten begeistert sind. Nur: Wie soll man die Spreu vom Weizen trennen, ohne dabei paranoid zu werden?
Allah weiß, wer wirklich auf seiner Seite ist:

> »Und unter ihnen haben einige einen Bund mit Allah geschlossen, (indem sie sprachen:) ›Wahrlich, wenn er uns aus seiner Huld gibt, wahrlich, dann wollen wir Almosen geben, und wahrlich, dann wollen wir rechtschaffen sein.‹ Da er ihnen aber aus seiner Huld gegeben hatte, geizten sie damit und kehrten den Rücken im Abfall. Und so ließ er Heuchelei in ihren Herzen nachfolgen bis zum Tag, da sie mit ihm zusammentreffen, darum, dass sie Allah nicht gehalten, was sie ihm versprachen, und weil sie gelogen. Wissen sie denn nicht, dass Allah ihr Verborgenes kennt und ihr geheimes Gespräch, und dass Allah die Geheimnisse kennt?« (Sure 9:75-77)

Es irritiert, wie eng Glaube bzw. Heuchelei und Geld miteinander verbunden sind. Gab es trotz der Kriegserfolge nebst Beute finanzielle Sorgen in der Gemeinde? Begehrte ein Teil der Gemeinde gegen ihren geistigen und politischen Führer auf?
Fakten dafür liefert der Koran nicht. Die Botschaft ist dennoch klar: Die Bezichtigung der Heuchelei ist an die Verweigerung der Steuerabgabe geknüpft. Wer nicht zahlt, wird automatisch als Heuchler verstanden. Auch Islamisten von heute nennen Muslime, die ihren Dschihad-Kurs ablehnen oder sie finanziell nicht unterstützen, »Heuchler«. Wie der Begriff *kafir* (ungläubig) ist auch der Begriff *munafiq* (Heuchler) eine klare Verurteilung, die im schlimmsten Fall einem Todesurteil gleichkommt.

Neben der fehlenden monetären Unterstützung werden weitere Gründe genannt, warum Allah gewisse Personen als Heuchler sieht:

> »Es freuten sich die in ihren Wohnungen Zurückgebliebenen, dem Gesandten Allahs zuwidergehandelt zu haben, und hatten keine Lust, mit Gut und Blut in Allahs Weg zu eifern, und sprachen: ›Ziehet nicht aus in der Hitze.‹ Sprich: ›*Dschehannams* Feuer ist heißer.‹ O dass sie es doch begriffen! Und so mögen sie wenig lachen und viel weinen zum Lohn für ihr Tun.« (Sure 9:81-82)

Höllenqualen warten aber nicht nur auf knausrige Gläubige oder kriegsmüde Gemeindemitglieder – schlimmste Konsequenzen drohen bereits jenen, die den Propheten kränken oder beleidigen:

> »Und einige unter ihnen gibt's, welche den Propheten kränken und sprechen: ›Er ist Ohr.‹ Sprich: ›Ein Ohr des Guten für euch. Er glaubt an Allah und glaubt den Gläubigen und ist eine Barmherzigkeit gegen die Gläubigen unter euch.‹ Wer aber den Gesandten Allahs kränkt, dem soll sein schmerzliche Strafe.« (Sure 9:61-62)

Einige Islamisten, die die Ermordung der Mitarbeiter des französischen Satire-Magazins *Charlie Hebdo* guthießen, rechtfertigten die Tat unter anderem mit diesem Vers. Nach einigen islamischen Rechtsschulen kann ein Mensch, der Allah zuvor verunglimpft hat, Reue zeigen und somit der Strafe entfliehen. Doch wer den Propheten beleidigt, muss getötet werden, selbst wenn er anschließend seine Worte zurücknimmt und sich dafür entschuldigt. Es ist bemerkenswert, dass die Kränkung des Gesandten schwerer wiegen soll als die Kränkung Gottes.

Gegen Ende der Sure werden »Allahs Lieblinge« genannt. Das sind nur die, die mit ihrem Geld und ihrem Blut für die Sache Gottes kämpfen:

> »Jedoch der Gesandte und die Gläubigen bei ihm eifern mit Gut und Blut, und sie – das Gute wird ihnen (zum Lohn), und sie – ihnen wird's wohl ergehen.« (Sure 9:88)

Dazu passt, dass der Koran auch gegen beduinische Stämme vorgeht, die zwar an Mohamed glaubten, aber die Steuern zu hoch fanden. Zwar beginnt die Passage mit einer pauschalen Verurteilung aller Steppen-Araber als Ungläubige, doch später wird differenziert. Jenen gläubigen Steppenbewohnern, die begreifen, dass das Zahlen der Steuern eine Annäherung an Gott bedeutet, soll es wohl ergehen:

> »Die (Steppen-)Araber sind verstockt in Unglauben und Heuchelei, und es ist sehr wahrscheinlich, dass sie die Vorschriften, welche Allah auf seinen Gesandten herniedergesendet hat, nicht kennen. Und Allah ist wissend und weise. Und unter den (Steppen-)Arabern sind welche, die ihre Spenden als erzwungene Schuld ansehen und auf die Wechsel (eures Glückes) lauern. Über sie wird ein Unheilswechsel kommen; denn Allah ist hörend und wissend. Aber etliche unter den (Steppen-)Arabern glauben auch an Allah und den Jüngsten Tag und betrachten ihre Spenden als Annäherungen zu Gott und den Gebeten des Gesandten. Und ist's nicht, dass sie eine Annäherung (zu Gort) für sie sind? Wahrlich, einführen wird sie Allah in

seine Barmherzigkeit! Siehe, Allah ist verzeihend und barmherzig.« (Sure 9:97-99)

Immer wieder geht es um Geld und Kampf – sie bilden die beiden wichtigsten Säulen des Glaubens. Wer eines oder gar beides verweigert, ist ein Feind Mohameds und natürlich ein Feind Allahs, denn Allah will genau das, was Mohamed will: das Geld und das Blut der Gläubigen.
Gleichwohl gibt es ein Problem. Keiner kennt die Heuchler und Verweigerer – außer Allah. Mohamed, der ohnehin paranoide Züge aufwies und sich ständig von Feinden umzingelt sah, dürfte dieser Aspekt Kopfschmerzen bereitet haben:

»Und unter denen der (Steppen-)Araber, die rings um euch sind, gibt es Heuchler; und auch unter dem Volke Medinas gibt's hartnäckige Heuchler. Nicht kennst du sie, (o Mohamed;) wir kennen sie; wahrlich, strafen wollen wir sie zwiefältig; alsdann sollen sie überantwortet werden gewaltiger Strafe.« (Sure 9:102-103)

Der Prophet witterte überall Ungemach und Verrat. Als eine Gruppe Muslime eine Moschee außerhalb von Medina baute, bezeichnet der Koran sogar sie als Spalter, denn keine Moschee darf es geben außer der des Propheten:

»Andre haben eine Moschee erbaut, um Unheil und Unglauben und Spaltungen zwischen den Gläubigen anzustiften und zu einem Hinterhalt für den, welcher zuvor Allah und seinen Gesandten bekriegte. Und wahrlich, sie schwören: ›Wir bezwecken nur Gutes.‹ Aber Allah ist Zeuge, dass sie Lügner sind. Stehe nimmerdar in ihr. Wahrlich, es gibt eine Moschee, gegründet auf Frömmig-

> keit vom ersten Tag an; geziemender ist's, dass du in ihr stehst. In ihr sind Leute, die sich zu reinigen wünschen, und Allah liebt die sich Reinigenden. Ist nun etwa der besser, der sein Gebäude auf Gottesfurcht und auf Allahs Huld gegründet hat, oder der, welcher sein Gebäude gegründet hat auf den Rand fortgespülten Schwemmsandes, der mit ihm in *Dschehannams* Feuer gespült wird? Und Allah leitet nicht die Ungerechten. Ihr Gebäude, das sie erbaut, wird nicht aufhören, Zweifel in ihren Herzen zu erregen, bis ihre Herzen zerschnitten sind, und Allah ist wissend und weise.« (Sure 9:107-110)

Geld für den Dschihad

Gegen Ende der Sure 9 steht schließlich auch der Grund dafür, wofür Allah bzw. Mohamed von den Gläubigen so viel Geld will:

> »Siehe, Allah hat von den Gläubigen ihr Leben und ihr Gut für das Paradies erkauft. Sie sollen kämpfen in Allahs Weg und töten und getötet werden.« (Sure 9:111)

> »O ihr, die ihr glaubt, kämpfet wider die Ungläubigen an euern Grenzen, und wahrlich, lasset sie Härte in euch verspüren. Und wisset, dass Allah mit den Gottesfürchtigen ist.« (Sure 9:123)

Der internationale Dschihad ist sehr erfolgreich, nicht nur wegen der vielen entschlossenen jungen Menschen, die bereit sind, ihr Leben für den Kampf zu geben, sondern auch wegen der vielen großzügigen Spender aus den Golfstaaten und anderen islamischen Ländern. Viele Muslime wissen, dass der Dschihad eine Pflicht ist, aber nicht jeder ist bereit, seine Familie und sein Leben zu opfern, um in den Kampf zu ziehen. Daher betreiben einige Gläubige sozusagen nur einen finanziellen Dschihad.

Die islamistische Propaganda zielt erfolgreich darauf ab, die Jungen für den Kampf zu begeistern und den Reichen ein schlechtes Gewissen zu machen, weil sie in Wohlstand und Frieden leben, während ihre Glaubensbrüder im Irak, in Syrien und Afghanistan für die Sache Gottes kämpfen und sterben. Wer nicht selbst kämpfen kann (oder will), wird angehalten, wenigstens Geld oder Waffen zu schicken. Ohne diese Unterstützung von außen hätte eine Terror-Gruppe wie der IS niemals so lange bestehen und die Kontrolle über 8 Millionen Menschen im Irak und in Syrien erlangen können.

Allah hat entschieden, ein letztes Buch für die Menschheit zu hinterlassen, auch wenn es ein sehr widersprüchliches ist. Und was macht er in der allerletzten Sure? Fasst Allah die Prinzipien des Islam zusammen und klärt Fragen, wie sich die Gemeinde zum Beispiel nach dem Tod des Propheten verhalten und wer sie danach führen soll und nach welchen Kriterien?

Nein, Allah nutzt die letzte Sure des Korans, um den Eindruck zu erwecken, Mohamed und seine Gemeinde seien von äußeren und inneren Feinden bedroht. Das endgültige Manifest der letzten Sure besagt, dass man gegen diese Feinde mit letzter Konsequenz vorgehen müsse. Genau genommen gibt es für die Gläubigen nur Feinde. Mit wem hätte man auch in Frieden zusammenleben sollen? Nicht mit

den Ungläubigen, nicht mit den Juden und Christen, nicht mit den Steppen-Arabern, den Heuchlern, Spenden-Verweigerern und Feiglingen.
Diese Form der Paranoia, sich nur von Feinden umgeben zu wähnen, besteht bis heute in weiten Teilen der islamischen Welt fort. Man fühlt sich vom Rest der Welt umzingelt, betrogen und bedrängt. Jede vermeintlich falsche Geste wird als Beleidigung erfasst. Ein solches Klima des Misstrauens und der Feindseligkeit mündet rasch in Ressentiments. Skepsis, Hass und Verbitterung können irgendwann in Gewalt münden, wenn die Selbstvergiftung nur weit genug fortgeschritten ist. Da dieses Klima in der letzten Sure des Korans, die so viele andere Verse ungültig machte, erzeugt wird, ist es fahrlässig zu behaupten, Hass habe mit dem Koran nichts zu tun. Es gibt all die wunderbaren, meditativen Passagen im Koran, die trostspendenden, mutmachenden Botschaften der Liebe. Es wäre ein Zeichen gewesen, eine solche Botschaft auch in der letzten offenbarten Sure zu vermitteln. Sie hätte den Ton des Hasses mildern, Aufrufe zur Gewalt aufheben können. Das Gegenteil ist der Fall.
Hass und Kriege gibt es seit Jahrtausenden, mit oder ohne den Koran. Doch erst der Koran macht aus diesem Hass eine Tugend und aus dem Krieg einen Gottesdienst. Das macht es sehr schwer, die anderen Botschaften zu hören.

Kapitel 7
Juden im Koran

Eine ähnlich ambivalente Haltung wie beim Thema Krieg und Frieden nimmt der Koran im Umgang mit Juden und Christen ein. Auch das liegt am Kontext, an den verschiedenen Lebensphasen des Propheten. Als Mohamed noch verzweifelt mit den Mekkanern haderte, hoffte er zum Beispiel auf Schützenhilfe von Juden und Christen, die wie er dem Monotheismus anhingen. Mohamed zitiert sogar zahlreiche Erzählungen im Koran, die sich entweder im Alten oder im Neuen Testament wiederfinden. Den Mekkanern sollten diese Erzählungen eine Art Warnung sein; gegenüber Juden und Christen sollten diese entlehnten Passagen als Zeichen der Annäherung dienen. In dieser mekkanischen Phase werden die heiligen Bücher der Juden und Christen als göttliche Schriften beschrieben, die von Gott direkt offenbart worden waren und somit die absolute Wahrheit beinhalteten. Doch es sollte nicht lange dauern, bis sich diese Sicht auf Thora und Bibel änderte.

Mohameds Beziehung zu den Juden ist die Geschichte einer enttäuschten Liebe. Zunächst sollten die Juden als seine Unterstützer gegen die paganen Araber fungieren, dann dienten sie ihm mit ihren Gesetzen und ihrem funktionierenden Gemeindewesen als Vorbild für seine neu entstandene Gemeinde. Auf der arabischen Halbinsel waren zu Mohameds Lebzeiten mehrere jüdische Stämme ansässig. Sie konzentrierten sich im Wadi al-Qura, in Fadak, Kaybar und in Yathrib – jenem Ort, der später von Mohamed in »Medina« umbenannt wurde. Einige kriegerische arabische Stämme hatten zwar immer wieder versucht, die Juden aus Arabien zu verdrängen, doch über fünf Jahrhunderte hinweg gelang es ihnen, ihre Existenz unter den Arabern zu behaupten. Einige Juden waren Händler und Handwerker, aber viele lebten vom Ackerbau, was ungewöhnlich war für jüdische Gemeinden in der Diaspora. Denn als verfolgte Minderheit waren sie darauf angewiesen, im Notfall schnell Hab und Gut in Sicherheit bringen zu können. Die eigene Scholle mussten sie dagegen zurücklassen. Doch offensichtlich fühlten sich die Juden in Arabien trotz vereinzelter Probleme und Übergriffe so heimisch, dass sie dieses Risiko in Kauf nahmen. Bis Mohamed kam.

Es ist unklar, ob Mohamed direkten Zugang zu den jüdischen Schriften hatte oder ob er mit deren Inhalt durch Erzählungen auf seinen Reisen in Berührung kam. Fakt ist: Der Koran zitiert nicht nur Erzählungen aus der Thora, sondern auch aus dem babylonischen Talmud sowie aus jüdischen Exegese-Büchern wie dem »Midrasch Rabba«, das besonders unter den arabischen Juden bekannt war. Allerdings unterscheidet der Koran nicht zwischen »heiliger« Schrift und menschlichen Auslegungsschriften. Für den Koran war alles Thora, alles Offenbarung Gottes. Und mehr noch: In den frühen Suren des Korans werden die Juden sogar als Erben des göttlichen Wissens und Quell der Erleuchtung für die Menschheit beschrieben:

> »Und wahrlich, wir gaben den Kindern Israels klare Lehren für die Menschen und eine Leitung und Barmherzigkeit für Leute, die festen Glauben haben.« (Sure 45:16)

Diese hohe Achtung galt allerdings nur für die Zeit, in der diese Erzählungen gebraucht wurden, um den Mekkanern zu beweisen, dass Mohamed von Gott entsandt worden war: Zitierte er nicht die gleichen Erzählungen, die auch Juden und Christen kannten? Und waren es nicht die jüdischen Gelehrten, die Mohameds Botschaft vor allen anderen anerkannten?
Dass Letzteres eher Wunschdenken des Propheten war, wird in späteren Koran-Suren deutlich:

> »Und siehe, er ist eine Offenbarung des Herrn der Welten. Hinab kam mit ihm der getreue Geist auf dein Herz, damit du einer der Warner seiest in offenkundiger arabischer Zunge. Und wahrlich, (verkündet) ist er in den Schriften der Früheren. Wird ihnen denn dies kein Zeichen sein, dass ihn die Weisen der Kinder Israels erkennen?« (Sure 26:192-197)

Die Gelehrten der anderen monotheistischen Religionen erkannten ihn nicht in dem Maße an, wie Mohamed sich das erhofft hatte. Daran änderte sich auch nichts dadurch, dass er mehrfach betonte, die Juden seien das auserwählte Volk Gottes. Immer wieder griff er auf alte Erzählungen zurück, in denen er zum Beispiel die ungläubigen Mekkaner mit dem hochmütigen Pharao verglich (die Geschichte von Moses, der sein Volk aus der ägyptischen Sklaverei führte), sich selbst dabei als Teil des israelitischen Volkes sah:

> »Und wahrlich, wir erretteten die Kinder Israels von der schimpflichen Strafe, vor dem Pharao. Siehe, er war hochmütig, einer der Maßlosen. Und wahrlich, wir erwählten sie, in (unserm) Wissen, vor aller Welt. Und wir

> zeigten ihnen Zeichen, in denen eine offenkundige Prüfung war.« (Sure 44:30-33)

Auch nach seiner Auswanderung nach Medina pflegte Mohamed anfangs noch ein gutes Verhältnis zu den Juden und wiederholte gleich zwei Mal mit identischem Wortlaut, diese seien von Gott auserwählt worden:

> »O ihr Kinder Israels, gedenket meiner Gnade, mit der ich euch begnadete, und dass ich euch vor aller Welt bevorzugte.« (Sure 2:47 und Sure 2:122)

Koran-Exeget Ibn Kathīr sagt, Allah habe die Juden auserwählt, indem er ihnen die Thora und zahlreiche Propheten sandte.[20]
Der Koran erkennt überraschenderweise sogar das göttliche Recht der Juden auf ein ihnen von Gott zugeteiltes heiliges Land an:

> »Und (gedenke,) als Moses zu seinem Volk sprach: ›O Leute, gedenket der Gnade Allahs gegen euch, da er unter euch Propheten erweckte und euch Könige einsetzte und euch gab, was er keinem von aller Welt gegeben. O Volk, betritt das heilige Land, das Allah euch bestimmte; und kehret nicht den Rücken, auf dass ihr nicht als Verlorene umkehrt.« (Sure 5:20-21)

In Sure 17 ist es Gott, der den Juden »das Land« schenkt. Es ist unklar, ob mit diesem Land Palästina oder möglicherweise sogar Ägypten gemeint ist. Die ersten Koran-Exegeten wollen Hinweise auf das Land der Pharaonen entdeckt haben:

»Da suchte Pharao sie aus dem Lande zu treiben; aber wir ertränkten ihn und die bei ihm waren allzumal. Und wir sprachen nach seiner Vernichtung zu den Kindern Israels: ›Bewohnet das Land, und wenn die Verheißung des Jenseits eintrifft, dann werden wir euch herzubringen in buntem Haufen.‹« (Sure 17:103-104)

An anderer Stelle heißt es:

»Und wir offenbarten Moses: ›Zieh fort des Nachts mit meinen Dienern; siehe, ihr werdet verfolgt.‹ Und es schickte Pharao in die Städte Versammelnde: ›Siehe, diese sind wahrlich ein winziger Haufen, und wahrlich, sie sind ergrimmt wider uns, aber wahrlich, wir sind eine Menge und auf der Hut.‹ So führten wir sie fort von Gärten und Quellen und Schätzen und edler Stätte. Also (geschah's), und wir gaben sie zum Erbe den Kindern Israels.« (Sure 26:52-59)

Wollte Gott dem auserwählten Volk also jenes Land schenken, in dem sie über vierzig Jahre lang versklavt gewesen waren? Eine Wiedergutmachung für das erlittene Leid? Mit hundertprozentiger Sicherheit lässt sich das nicht belegen. Einige Exegeten verorten jenes Land der Gärten und Schätze und edlen Stätten in Palästina, andere sagen, es umfasse Damaskus, Palästina und Teile des Jordanlands.
Al-Tabari meint, alle Exegeten seien sich zumindest darin einig, dass »das Land« im weitesten Sinne im Gebiet zwischen dem Euphrat im Irak und dem Sinai in Ägypten zu verorten ist.[21]

Wie sehr Mohamed in dieser Phase um Gleichstellung seiner jungen mit den beiden älteren monotheistischen Religionen bemüht war, sieht man auch daran, dass Juden und Christen neben den Muslimen laut Koran am Jüngsten Tag Heil versprochen wird, weil sie an Gott glauben:

> »Siehe die Gläubigen und die Juden und die Sabier und die Nazarener – wer da glaubt an Allah und an den Jüngsten Tag und das Rechte tut –, keine Furcht soll über sie kommen, und nicht sollen sie traurig sein.« (Sure 5:69)

Mohamed empfiehlt seiner Gemeinde, sich in guten Manieren mit den Juden zu streiten:

> »Und streitet nicht mit dem Volk der Schrift, es sei denn in bester Weise, außer mit jenen von ihnen, die unrecht handeln. (…) Unser Gott und euer Gott ist ein und derselbe.« (Sure 29:46)

Vorbild und Verbündete

In Medina führte Mohamed neue Rituale, Gebote und Vorschriften ein, die den Arabern so nicht bekannt waren. Diese wurden mehrheitlich an jüdische Gebote und Rituale angelehnt, wie die Waschung vor dem Gebet und nach dem Geschlechtsverkehr oder das Verbot des Verzehrs von Schweinefleisch. Das arabische Wort »Scharia« ist nichts anderes als eine direkte Übersetzung des hebräischen *halakha,* wie die jüdischen Gesetze genannt werden. Beide Wörter bedeuten »der Weg« bzw. »den Weg gehen«. Selbst

die Gebetsrichtung teilte Mohamed anfangs mit den Juden. In den ersten beiden Jahren seines Wirkens in Medina mussten die Gläubigen Richtung Jerusalem beten.
Die Studie des deutschen Rabbiners und Orientalisten Abraham Geiger, »Was hat Mohamed aus dem Judentum aufgenommen?«, veröffentlicht im Jahre 1833 in Bonn, war bahnbrechend für die moderne Islamwissenschaft und Koranforschung. Dort wurde erstmals eine Reihe von Erzählungen, Geboten und Verboten aufgelistet, die den Einfluss verschiedener jüdischer Quellen auf Mohamed dokumentieren.
Der Prophet brauchte die Juden aber nicht nur als Vorbild für die Formung seiner Gemeinde, sondern auch als Verbündete gegen die paganen Araber. Er rechnete damit, dass sie ihn gegen die Heiden unterstützen und im Idealfall später zum Islam konvertieren würden. In der sogenannten Verfassung von Medina gewährte Mohamed den Juden Glaubensfreiheit und verpflichtete sie gleichzeitig, die Stadt nicht nur im Falle eines feindlichen Angriffs gemeinsam mit ihm zu verteidigen. Sie sollten darüber hinaus seine Expansionskriege finanzieren und keine Handelsbeziehungen zu seinen Feinden unterhalten. Letzteres traf sowohl die jüdischen Bauern, die Datteln an die Mekkaner lieferten, als auch die Händler und Handwerker, deren Geschäftskontakte weit über die Stadtgrenze hinausreichten. Man kann sich vorstellen, dass die jüdische Gemeinde von diesen Forderungen alles andere als begeistert war.

Die anfängliche Hoffnung der jüdischen Stämme, sich, so gut es ging, aus Mohameds Konflikten herauszuhalten, scheiterte jedoch bald an der Realität. Nur wenige Monate nach seiner Übersiedlung nach Medina startete Mohamed erste Angriffe auf mekkanische Handelskarawanen; bei diesen Attacken war es sowohl den Juden als auch den ortsansässigen arabischen Stämmen noch gelungen, dem Treiben fernzubleiben. Das änderte sich, als es im Jahr 624 in der Schlacht von Badr zur ersten direkten kriegerischen Auseinandersetzung mit den Mekkanern kam. Da die Schlacht nicht in Medina stattfand, glaubten die Juden an die Rechtmäßigkeit ihrer neutralen Haltung. Mohamed sah das anders. Er folgte der Devise: Wer nicht mit uns ist, ist gegen uns. Neutralität war für ihn gleichbedeutend mit Hochverrat.

Diese Haltung schlug sich auch im Koran nieder. Juden wurden nun als Lügner bezeichnet, als

> »Horcher auf Lüge, Verzehrer von Unerlaubtem – so sie zu dir kommen, richte zwischen ihnen oder wende dich von ihnen ab. Und so du dich von ihnen abwendest, nimmer werden sie dir etwas zuleide tun. Und so du richtest, richte zwischen ihnen in Gerechtigkeit. Siehe, Allah liebt die Gerechtigkeit Übenden.« (Sure 5:42)

Die in der Verfassung festgeschriebene Glaubensfreiheit für Juden wurde schleichend unterhöhlt; zunächst gab es verdeckte, dann offene Aufrufe, die Juden sollten zum Islam konvertieren:

> »O ihr Kinder Israels, gedenket meiner Gnade, mit der ich euch begnadete, und haltet meinen Bund, so will auch ich den Bund mit euch halten; mich allein sollt ihr ehren, und glaubet an das, was ich herabsandte zur Bestätigung eurer Schrift, und seid nicht die ersten Ungläubigen und verkaufet nicht meine Zeichen für winzigen Preis; mich allein sollt ihr fürchten. Und kleidet nicht die Wahrheit in die

> Lüge und verbergt nicht die Wahrheit wider euer Wissen. Und verrichtet das Gebet und gebt Almosen und beugt euch mit den Beugenden.« (Sure 2:40-43)

Die jüdischen Gemeinden schlugen diese »Einladung« größtenteils aus und pflegten weiterhin ihre alten Traditionen. Mohamed hatte sie weder von seinem Glauben überzeugen können noch in ihnen die erhofften Bündnispartner gefunden.

Die ersten Vertreibungen

Nach seinem Sieg gegen die Mekkaner in der Schlacht von Badr nahm sich Mohamed daher vor, einen jüdischen Stamm nach dem anderen aus Medina zu vertreiben. Er wollte in der Stadt nur noch jene Stämme dulden, die seine Kriege mittrugen. Er begann seine »Säuberungsaktion« mit dem schwächsten Stamm. Die islamische Version der Erzählung über den Auftakt der Vertreibung geht so: Eine muslimische Frau wollte bei einem jüdischen Juwelier aus dem Stamm Banū Qainuqā' Schmuck kaufen und wurde in dessen Laden von einem jüdischen Kunden belästigt. Am Ende soll dieser ihr sogar den Schleier weggerissen haben. Ein zufällig anwesender Muslim intervenierte, um die Frau zu schützen. Im weiteren Verlauf eskalierte die Situation derartig, dass er den Juden tötete. Als Reaktion darauf ermordeten wütende Juden den Muslim.
Für Mohamed war der Zwischenfall ein Bruch der Verfassung von Medina; er ließ die Häuser der Banū Qainuqā' zwei Wochen lang belagern, bis alle sich ergaben. Zunächst

hatte er vorgehabt, sie alle zu töten, doch nach der erfolgreichen Vermittlung eines Neumuslims aus dem Stamm der Khasradsch hatte er die Strafe abgemildert: Alle Mitglieder des Stammes der Banū Qainuqā' mussten die Stadt verlassen und ihr gesamtes Hab und Gut zurücklassen.

Selbst diese abgemilderte Strafe erscheint so überzogen, dass man davon ausgehen kann, dass der Vorfall im Schmuckladen nur ein willkommener Anlass gewesen ist, um einen längst gefassten Plan umzusetzen. Zumal Mohamed im Anschluss an diese erste Vertreibung systematisch gegen die anderen jüdischen Stämme vorging. Er ließ entweder den ganzen Stamm vertreiben oder die Männer hinrichten, Kinder und Frauen wurden anschließend aus der Stadt verjagt. In die leer stehenden Häuser quartierte er neue Kämpfer ein, die seinem Ruf nach Medina gefolgt waren.

Der nächste jüdische Stamm, gegen den er in dieser Weise vorging, waren die Banū N-Nadīr. Ein Jahr nach dem Sieg in der Schlacht von Badr erlitt Mohamed bei Uhud eine empfindliche Niederlage gegen die Mekkaner und deren Verbündete. Im Islam gilt jene verlorene Schlacht am Fuße eines Berges in der Nähe von Medina als eine Heimsuchung und Prüfung, der Allah die Muslime unterziehen wollte. Gleichwohl kratzte die verlorene Schlacht nicht nur am Ego, sondern riss auch ein Loch in die Kriegskasse: weder Beute noch Gefangene, die man gegen Lösegeld hätte verkaufen können. Mohamed und seine Kämpfer waren in arger Geldnot. Und nicht nur das: Die Truppe war nach der Niederlage demoralisiert, einige zweifelten, ob Allah überhaupt noch auf ihrer Seite stand. Hätte Gott nicht auch diesmal seine Engel senden können, um den Kampf zu wenden? Mohamed hatte Mühe, seinen Männern zu erklären, dass Allah sie bewusst einer Prüfung unterzogen hatte, um die

Festigkeit ihres Glaubens zu testen. Um sie weiter bei der Stange zu halten, war es aus Mohameds Sicht dennoch nicht schlecht, sie für ihre Treue zu belohnen. Deswegen entschied er sich, gegen den zweiten jüdischen Stamm in Medina, die Banū N-Nadīr, vorzugehen. Auch dafür brauchte er einen Vorwand. Er behauptete, der Erzengel Gabriel habe ihm einen Besuch abgestattet und ihm mitgeteilt, ein Mann der Banū N-Nadīr plane, ihn zu erschlagen. Der Prophet ließ daraufhin den Stamm belagern, der vom Ackerbau lebte; er ließ die Ernte auf den Feldern verbrennen, vertrieb die Menschen aus der Oase und beschlagnahmte ihren Besitz.
Der Koran bejubelt die Vertreibung der Juden und die Enteignung ihres Besitzes in einer ganzen Sure:

> »Er (Allah) ist es, welcher die Ungläubigen vom Volk der Schrift aus ihren Wohungen zu der ersten Auswanderung trieb. Ihr glaubtet nicht, dass sie hinausziehen würden, und sie glaubten, dass ihre Burgen sie vor Allah schützen würden. Da aber kam Allah zu ihnen, von wannen sie es nicht vermuteten, und warf Schrecken in ihre Herzen. Sie verwüsteten ihre Häuser mit ihren eigenen Händen und den Händen der Gläubigen. Drum nehmt es zum Exempel, ihr Leute von Einsicht! Und hätte nicht Allah für sie Verbannung verzeichnet, wahrlich, er hätte sie hienieden gestraft; und im Jenseits ist für sie die Strafe des Feuers. Solches, dieweil sie sich Allah und seinem Gesandten widersetzten; und wenn sich einer Allah widersetzt, siehe, so ist Allah streng im Strafen. Was ihr auch an Palmen fälltet oder stehen ließet, es war mit Allahs Erlaubnis und um die Frevler zu schänden.« (Sure 59:2-5)

Doch offensichtlich gab es im Anschluss an die Vertreibung einen Streit zwischen Mohamed und seinen Anhängern um die Kriegsbeute; da Mohamed mehr für sich beanspruchte, musste ein Vers offenbart werden, um diesen Streit zu beenden:

> »Und was Allah seinem Gesandten von ihnen zur Beute gab – so sprengtet ihr (diesmal) nicht zu Ross und Kamel hinterdrein. Jedoch gibt Allah seinem Gesandten Macht, über wen er will, denn Allah hat Macht über alle Dinge.« (Sure 59:6)

Der Ton des Korans wird schärfer

Wie so oft gab nicht der Koran die Gangart vor, sondern er reagierte auf die Ereignisse. Parallel zu den ersten Vertreibungen veränderte sich auch die Sprache des Korans gegenüber den Juden. Sie wurden nun nicht mehr als wissende Gelehrte, sondern als hasserfüllte Intriganten beschrieben:

> »Wahrlich, du wirst finden, dass unter allen Menschen die Juden und die, welche Allah Götter zur Seite stellen, den Gläubigen am meisten feind sind, und wirst finden, dass den Gläubigen diejenigen, welche sprechen: ›Wir sind Nazarener‹, am freundlichsten gegenüberstehen. Solches, dieweil unter ihnen Priester und Mönche sind und weil sie nicht hoffärtig sind.« (Sure 5:82)

Interessant ist hier, dass die Nazarener, also die Christen, eine Aufwertung erfahren. Mohamed hoffte darauf, dass

sich zumindest die Christen auf seine Seite stellen würden, und bemühte sich daher um eine freundlich-tolerante Haltung. Doch dazu später mehr.
Hatte der Koran die Juden früher als Hüter der Heiligen Schrift beschrieben, so gelten sie nun plötzlich als Verfälscher des Wortes Gottes:

> »O du Gesandter, lass dich nicht durch die, welche miteinander im Unglauben wetteifern, betrüben von jenen, die da mit ihrem Munde sprechen: ›Wir glauben‹, doch glauben ihre Herzen nicht; und von den Juden – Horchern auf Lüge und Horchern auf andre –, nicht kommen sie zu dir. Sie vertauschen die Wörter an ihren Stellen und sprechen: ›Wenn dies zu euch gebracht wird, so nehmet es an, und wenn es euch nicht gebracht wird, so hütet euch davor.‹ Wen Allah verführen will, für den vermagst du wider Allah nichts. Sie, deren Herzen Allah nicht reinigen will, empfangen hienieden Schande und im Jenseits gewaltige Strafe.« (Sure 5:41)

Und in Sure 4 heißt es:

> »Unter den Juden gibt's welche, die die Stellung der Wörter verkehren und sagen: ›Wir haben vernommen und rebellieren‹, und: ›Höre du, ohne zu vernehmen‹, und: ›Sieh uns an.‹ Es ist ein Umbiegen mit ihren Zungen und ein Stechen in den Glauben.« (Sure 4:46)

Nach der Vertreibung der Qainuqā' aus Medina verschärfte sich aber nicht nur die Sprache des Korans gegenüber den Juden, die Auswirkungen zeigten sich auch im Alltag. Mohamed verlegte die Gebetsrichtung von Jerusalem nach

Mekka. In dieser Maßnahme sieht man auch den Pragmatismus des Propheten. Zunächst hatte er den Islam entarabisieren wollen und sich hauptsächlich an den monotheistischen Traditionen der Juden und Christen orientiert, doch als die Juden ihn enttäuscht hatten, kehrte er in einigen Bereichen zu arabischen Traditionen zurück. Die Araber hatten mit Jerusalem nichts anfangen können, die Kaaba in Mekka dagegen war ein größerer gemeinsamer Nenner und damit Voraussetzung für eine erfolgreiche Bekehrung zum Islam. Dass der Islam gekommen ist, um über alle anderen Religionen zu siegen, steht außer Zweifel:

> »Und es sprechen die Juden: ›Esra ist Allahs Sohn.‹ Und es sprechen die Nazarener: ›Der Messias ist Allahs Sohn.‹ Solches ist das Wort ihres Mundes. Sie führen ähnliche Reden wie die Ungläubigen von zuvor. Allah, schlag sie tot! Wie sind sie verstandeslos! Sie nehmen ihre Rabbiner und Mönche neben Allah und dem Messias, dem Sohn der Maria, zu Herren an, wo ihnen doch allein geboten ward, einem einzigen Gott zu dienen, außer dem es keinen Gott gibt. Preis ihm, (er steht hoch) über dem, was sie neben ihn setzen. Verlöschen wollen sie Allahs Licht mit ihrem Munde; aber Allah will allein sein Licht vollenden, auch wenn es den Ungläubigen zuwider ist. Er ist's, der entsandt hat seinen Gesandten mit der Leitung und der Religion der Wahrheit, um sie sichtbar zu machen über jede andre Religion, auch wenn es den Ungläubigen zuwider ist.« (Sure 9:30-33)

Juden und Christen werden nicht mehr als Monotheisten, sondern als Polytheisten beschrieben, die neben Gott anderen Herren dienen würden. Den Anhängern beider Religionen wird vorgeworfen, eine Verschwörung gegen den wahren Glauben zu schmieden, um ihn auszulöschen. Doch Allah wird sie als Ungläubige dafür strafen.

In Koran erscheinen nun zunehmend Textpassagen, die untermauern sollen, dass das auserwählte Volk Gottes das Bündnis mit Gott gebrochen hat und somit eine harte Strafe verdient:

> »Und darum, dass sie das Bündnis zerrissen und Allahs Zeichen verleugneten und die Propheten ungerechterweise ermordeten und sprachen: ›Unsere Herzen sind unbeschnitten‹ – aber Allah hat sie wegen ihres Unglaubens versiegelt, sodass nur wenige glauben.« (Sure 4:155)

Den Juden wird nicht nur vorgeworfen, Jesus ermordet zu haben, sondern auch, dass sie mit dieser Tat sogar prahlen würden:

> »Und weil sie ungläubig waren und wider Maria eine große Verleumdung aussprachen, und weil sie sprachen: ›Siehe, wir haben den Messias Jesus, den Sohn der Maria, den Gesandten Allahs, ermordet‹ – doch ermordeten sie ihn nicht und kreuzigten ihn nicht, sondern einen ihm ähnlichen Tag der Auferstehung wird er wider sie Zeuge sein.« (Sure 4:156-159)

Die Liste der antisemitischen Klischees lässt sich nach Belieben fortsetzen. So wird den Juden pauschal vorgeworfen, Wucherei zu betreiben und unehrlich in ihren Geschäften zu sein:

> »Und wegen der Sünde der Juden haben wir ihnen gute Dinge verwehrt, die ihnen erlaubt waren, wie auch wegen ihres Abwendens vieler von Allahs Weg, und weil sie Zins nahmen, wiewohl er ihnen verboten war, und das Gut der Leute in unnützer Weise aufzehrten. Und für die Ungläubigen unter ihnen haben wir schmerzliche Strafe bereitet.« (Sure 4:160-161)

Jener schmerzlichen Strafe kann nur der entgehen, der Mohamed als Propheten Gottes anerkennt, also zum Islam konvertiert:

> »Aber denen unter ihnen, welche fest stehen im Wissen, und den Gläubigen, die da glauben an das, was zu dir hinabgesandt ward und hinabgesandt ward vor dir, und das Gebet verrichten und die Armenspende zahlen und an Allah glauben und an den Jüngsten Tag, wahrlich, jenen werden wir gewaltigen Lohn geben.« (Sure 4:162)

Doch Vorsicht ist geboten! Selbst wenn Juden behaupteten, sie seien zum Islam übergetreten, dürfe man ihnen das nicht blauäugig abnehmen; es könnte sich um eine List handeln:

> »Und als sie zu euch kamen, sprachen sie: ›Wir glauben‹; doch kamen sie im Unglauben und gingen fort in ihm. Allah aber weiß sehr wohl, was sie verbergen.« (Sure 5:61)

Überhaupt gehe von den Juden auf Erden eine große Gefahr aus. Allah gibt deshalb sogar eine Warnung an Mohamed und seine Getreuen aus, sich vor ihren Verführungsversuchen in Acht zu nehmen. Eine Warnung, die 1400 Jahre lang überdauert hat und nach wie vor in vielen Moscheen der islamischen Welt ausgesprochen wird:

> »Und so richte du unter ihnen nach dem, was Allah hinabgesandt, und folge nicht ihren Lüsten und hüte dich vor ihnen, dass sie dich verführen, (abzuweichen) von etwas von dem, was Allah zu dir hinabgesandt. Und wenn sie den Rücken kehren, so wisse, dass Allah sie für einen Teil ihrer Sünden treffen will. Und siehe, wahrlich viele der Menschen sind Frevler.« (Sure 5:49)

Um sich vor diesen Verführungen zu schützen, ergeht ein klares Verbot an alle Gläubigen, sich mit Juden und Christen anzufreunden:

> »O ihr, die ihr glaubt, nehmt nicht die Juden und Christen zu Freunden; einander nehmen sie zu Freunden, und wer von euch sie zu Freunden nimmt, siehe, der ist von ihnen. Siehe, Allah leitet nicht ungerechte Leute.« (Sure 5:51)

Im weiteren Verlauf der Sure wird eine klare Unterteilung der Welt in Gut und Böse vorgenommen. Böse sind die Ungläubigen, also die Juden und die Christen; gut sind allein Mohamed und seine Anhänger. Und sie werden am Ende siegreich sein:

> »Und wer Allah und seinen Gesandten und die Gläubigen zu Freunden annimmt, siehe, das ist Gottes Schar; sie sind die Obsiegenden.« (Sure 5:56)

Halten wir einen Moment lang inne: Mohamed war in eine Stadt gekommen, in der Araber, Christen und Juden bis dahin weitgehend friedlich miteinander gelebt hatten. Er war neu in Medina, brauchte Verbündete für seine weiteren Pläne und Vorbilder für den Aufbau einer funktionierenden Gemeinde. Wie schon in Mekka reagierte er mit Trotz und Wut, als man ihn und seine Botschaft erstens nicht in erhofftem Maße anerkannte und zweitens ihm die Unterstützung bei seinen Expansionsbestrebungen verwehrte. Die Aggression gegen Juden und Christen ging von Mohamed aus. Er startete die Vertreibungen, ließ morden und brandschatzen. Ein klarer Bruch mit dem früheren Prinzip der Selbstverteidigung, sowohl was sein Vorgehen in Medina angeht, als auch bezogen auf die Angriffe auf Mekka. Legitimiert wurden die Aktionen gegen die Juden durch eher dürftige Erzählungen wie jene Warnung des Erzengels oder den Vorfall im Juwelierladen.

Ein viel stärkeres Argument wäre es, wenn die Aggression von den Juden ausgehen würde. Der Koran liefert auch das. Vorher kein Wort davon, dass Juden Muslime gehasst hätten. Nun aber scheint genau das eingetreten zu sein. Der Text wirft den Juden vor, Muslime zu hassen, weil sie an Allah glauben. Eine Vorstellung, die bis heute nicht nur in islamistischen Organisationen propagiert wird:

> »Sprich: ›O Volk der Schrift, verwerfet ihr uns etwa nur deshalb, weil wir an Allah glauben und an das, was er zu uns hinabsandte und zuvor hinabsandte, und weil die Mehrzahl von euch Frevler sind?‹« (Sure 5:59)

Die Polemik gegenüber den Juden steigert sich noch in der gleichen Sure. Einige von ihnen habe Allah wegen ihrer Sünden in Affen und Schweine verwandelt. Eine Beschimpfung, die bis heute hohe Popularität in Teilen der islamischen Welt genießt. Selbst der ehemalige Präsident Ägyptens, Mohamed Mursi, nannte die Juden in einer Ansprache im Jahr 2010 (damals war er noch Funktionär bei der Muslimbruderschaft) »Nachfahren von Affen und Schweinen«. Das Zitat entlieh er aus dem Koran. Dort heißt es:

»Sprich: ›Kann ich euch etwas Schlimmeres verkünden als das, was euer Lohn bei Allah ist? Wen Allah verflucht hat und wem er zürnt – und verwandelt hat er einige von ihnen zu Affen und Schweinen.‹« (Sure 5:60)

Doch damit hört die Hetze nicht auf:

»Und du schaust viele von ihnen wettlaufen zur Sünde und Bosheit und zum Essen des Verbotenen. Wahrlich, schlimm ist ihr Tun. Warum untersagen ihnen nicht die Rabbiner und Lehrer ihre sündige Rede und ihr Verzehren des Verbotenen, wahrhaftig, ein schlimmes Handeln!« (Sure 5:62-64)

Erneut werden die Juden pauschal verflucht, ihnen wird eine harte Strafe in Form ewiger Verdammnis angedroht:

»Verflucht sind die Ungläubigen unter den Kindern Israels durch die Zunge Davids und Jesu, des Sohnes der Maria; solches, dieweil sie rebellisch waren und sich vergingen; sie verboten einander nicht das Verwerfliche, das sie begingen. Wahrlich, schlimm ist ihr Tun! Du wirst viele von ihnen sich mit den Ungläubigen befreunden sehen. Wahrlich, schlimm ist, was ihre Seelen ihnen vorausschickten! Allah zürnt ihnen darob, und in der Strafe werden sie ewig verweilen.« (Sure 5:78-80)

Sure 5, aus der all diese Zitate stammen, ist eine der Suren, die chronologisch betrachtet als eine der letzten offenbart wurde. Der endgültige Umgang mit den Juden wird in Sure 9, der ganz zum Schluss offenbarten Sure des Korans, erklärt. Ein Vernichtungskampf soll gegen sie geführt werden, bis sie konvertieren oder Tribut zahlen:

> »Kämpfet wider jene von denen, welchen die Schrift gegeben ward, die nicht glauben an Allah und an den Jüngsten Tag und nicht verwehren, was Allah und sein Gesandter verwehrt haben, und nicht bekennen das Bekenntnis der Wahrheit, bis sie den Tribut aus der Hand gedemütigt entrichten.« (Sure 9:29)

Die Vernichtung der Banū Quraiza

Dass es aber nicht mit Tributzahlungen getan sein würde, belegt Mohameds Umgang mit dem letzten jüdischen Stamm, der in Medina lebte. Je mächtiger der Prophet wurde, desto misstrauischer, ja paranoider wurde er gegenüber allen, die nicht an ihn glaubten. Hinzu kamen potenzielle Bedrohungen von außen.

Tatsächlich verbündeten sich die Mekkaner erneut mit einigen arabischen Stämmen, um Medina zu belagern. Auf diese Weise wollten sie Mohamed zwingen, seine Blockade des Handelswegs aufzugeben. Laut islamischer Geschichtsschreibung war Mohamed vorbereitet: Er hatte einen Graben rund um die Stadt ausheben lassen, um ihre Einnahme zu verhindern. Außerdem hätten starke Stürme dazu beigetragen, dass die gegnerischen Truppen unverrichteter Dinge

wieder abziehen mussten. Gläubige Muslime verstehen diesen kampflosen Sieg als Wunder. Allah habe das schlechte Wetter gesandt, um die Ungläubigen in die Flucht zu schlagen.
In ihren Videos erinnern die Propagandisten des IS heute gerne an jene (verhinderte) Schlacht und vergleichen ihre aktuelle Situation in einigen Städten Syriens mit jener der belagerten Muslime in Medina. Amerikanische und russische Kampfjets, Assads Armee und schiitische Truppen werden mit der mekkanischen Allianz gegen den Propheten gleichgesetzt. Egal, wie viele Schlachten der IS verliert und wie viele Gebiete er einbüßt, der Glaube an den »Endsieg« wird dadurch nicht gebrochen. Denn es ist ein heiliges Versprechen, das Allah seinem Propheten und allen Gläubigen gegeben hat: Die Armee Gottes wird die Allianz der Ungläubigen schlagen, so stark sie auch sein mag.

Dadurch, dass Mohamed dieses Mal keinen Kampf führen musste, blieb ihm die Chance verwehrt, durch einen möglichen Sieg reiche Beute zu machen. Also musste eine neue Schlacht inszeniert werden, am besten eine, die mit geringem Aufwand verbunden war. Der potenzielle Gegner fand sich in Medina: Mohamed warf dem letzten noch verbliebenen jüdischen Stamm, den Banū Quraiza, Hochverrat vor. Einige Stammesmitglieder hätten in Kontakt zu Mohameds Feinden aus Mekka gestanden und sie mit wichtigen Informationen versorgt, um ihnen den Zugang zur Stadt zu erleichtern. Einige islamische Quellen behaupten sogar, die Allianz gegen Mohamed sei nicht direkt von Mekka geschmiedet worden, sondern gehe auf eine jüdische Initiative zurück – aus Rache dafür, dass Mohamed die Banū Qainuqā' und die Banū N-Nadīr vertrieben hatte.

Wie in den beiden vorangegangenen Fällen belagerte Mohamed auch die Quraiza vier Wochen lang, bis alle sich ergaben. Das Urteil fiel diesmal allerdings sehr viel härter aus: Alle erwachsenen Männer des Stammes wurden enthauptet. Als erwachsen galt, wer eine Schambehaarung hatte. Laut Mohameds Biograph Ibn Ishāq (* um 704 in Medina, † um 767 in Bagdad) nahm der Prophet selbst die entsprechende Untersuchung vor: Er sei persönlich im Gefangenenlager erschienen, habe die Kleidung der männlichen Heranwachsenden gelüftet und beim Anblick sprießender Schambehaarung die Enthauptung verfügt. Sämtliche Frauen und Kinder wurden versklavt.

In anderen Quellen heißt es, Mohamed habe das Urteil nicht persönlich verkündet, sondern einer seiner Anhänger aus Medina habe es überbracht. Einigkeit herrscht darüber, wie dieses harte Urteil zustande gekommen sein soll: Der Erzengel Gabriel habe es Mohamed diktiert. Der Prophet ließ viele Gräber ausheben und war bei den Hinrichtungen anwesend. Manche Quellen sprechen von 400 Männern, die an diesem einen Tag ermordet wurden. In anderen ist sogar von 900 die Rede.

Interessanterweise reduziert sich in späteren Quellen die Zahl der getöteten Juden auf vierzig. Je mehr sich die Islam-Gelehrten von der Zeit des Propheten entfernten, desto peinlicher wurde ihnen diese Geschichte offenbar. Denn wie hätte ein Prophet, den der Koran als »Barmherzigkeit« für die gesamte Menschheit beschreibt, an einem einzigen Tag so viele wehrlose Kriegsgefangene umbringen können? Nur Dschihadisten haben kein Problem damit, den Propheten als Massenmörder zu sehen, denn für sie verdienen alle Ungläubigen den Tod. Eine Haltung, die sich auch an vielen Stellen im Koran wiederfindet.

Problematisch sind hier erneut nicht allein die Taten Mohameds und seiner Anhänger, sondern die Tatsache, dass der Koran sein mörderisches Handeln rechtfertigt und bejubelt:

> »Und es trieb Allah die Ungläubigen in ihrem Grimm zurück; sie erlangten keinen Vorteil; und Allah genügte den Gläubigen im Streit, denn Allah ist stark und mächtig. Und er veranlasste diejenigen vom Volke der Schrift, die ihnen halfen, von ihren Kastellen herabzusteigen, und warf Schrecken in ihre Herzen. Einen Teil erschlugt ihr und einen Teil nahmt ihr gefangen. Und er gab euch zum Erbe ihr Land und ihre Wohnungen und ihr Gut, und ein Land, das ihr nie betratet. Und Allah hat Macht über alle Dinge.« (Sure 33:25-27)

Die Geschichte der Vernichtung der Banū Quraiza gehört zu den dunkelsten Flecken in der Biographie des Propheten. Viele liberale Muslime finden es schwierig, diese Massenhinrichtungen zu rechtfertigen, zumal es unmöglich ist, dass ein gesamter Stamm an einer Verschwörung teilnimmt, Jung und Alt, Frauen, Männer und Kinder, und daher möglicherweise eine kollektive Strafe verdient.

Auch wenn Gewalt in einem gewissen Grad zur damaligen Lebenswelt dazugehörte, findet sich zu Mohameds Zeiten nicht ein einziger vergleichbarer Fall. Kriegsgefangene ließ man entweder gegen Lösegeld frei oder verkaufte sie in die Sklaverei. Verräter ließ man einfach aus dem Land oder der Stadt vertreiben. Selbst für damalige Verhältnisse hat Mohamed mit der Vernichtung der Banū Quraiza etwas Ungeheuerliches, etwas sehr Verwerfliches getan. Der Theologe Hans Küng, der durchaus Sympathien für den Islam hegt, spricht von »ethnischer Säuberung«, wenn er den Fall der

Banū Quraiza beschreibt, und macht Mohamed direkt für dieses Massaker verantwortlich.[22]

Problematisch ist nicht nur die Grausamkeit des Handelns Mohameds, die man mit Einschränkungen durchaus in einem historischen Kontext sehen kann, sondern die Heiligsprechung des Hasses und der Gewalt. Der Prophet setzt um, was Allah fordert. Allah schreibt bestimmten Gruppen von Menschen negative Eigenschaften zu. Er sagt über sie, sie seien Lügner und Betrüger. Sie seien Affen und Schweine und schlimmer als die Tiere (Sure 8:22). Er ruft zum Kampf gegen sie auf. Die Gläubigen werden zu seinem Werkzeug.

Das macht diesen Kampf zu einer heiligen Mission, die für alle Zeiten fortgesetzt werden muss, bis der endgültige Sieg errungen ist. Der Kampf wird mystifiziert, glorifiziert und stilisiert zu einem Teil des göttlichen Erlösungsplans. Schon Mohamed sah die Auseinandersetzung zwischen Juden und Muslimen nicht als temporäre Episode, weil sich die Juden in einem konkreten Aspekt gegen ihn und seine Politik gewandt hatten. Sondern vielmehr als einen lang andauernden Schicksalskampf, der erst am Ende der Zeit entschieden würde. Er prophezeite:

> »Das Jüngste Gericht wird nicht kommen, bis die Muslime die Juden bekämpfen und umbringen; bis der Jude sich hinter den Steinen und Bäumen versteckt, und der Stein und der Baum werden sagen: O, du Muslim, o, du Diener Allahs, dies ist ein Jude, der sich hinter mir versteckt, komm und bring ihn um!«[23]

Diese grauenvolle Prophezeiung ist bis heute Inspiration und Auftrag für viele Islamisten, die in der Umsetzung ihrer

»Ausrottungsphantasien« eine heilige Mission sehen. Friedensverträge und die Rückgabe von besetzten Gebieten sind für sie kein Argument, diesen Kampf zu beenden. Hat nicht Allah selbst die Juden als ein Volk beschrieben, das sich an Abmachungen nicht hält? Sie werden auf ewig Verräter bleiben, und der Krieg gegen sie ist die Erfüllung eines göttlichen Plans, der erst mit der Vernichtung aller Juden abgeschlossen sein wird.

Kapitel 8
Christen im Koran

Anders als im Falle der Juden gab es weder in Mekka noch in Medina große christliche Gemeinden, die Mohamed politisch oder theologisch hätten gefährlich werden können. Auch kam es nicht zu einer militärischen Auseinandersetzung zwischen ihm und den christlichen Stämmen außerhalb seines Einflussgebietes. Dennoch widmet sich der Koran vergleichsweise ausführlich dieser zweiten großen monotheistischen Religion. Eingang in den Text finden vor allem Debatten über die Natur Jesu und das Konzept der Trinität. Man gewinnt beim Lesen den Eindruck, dass diese Debatten eigentlich nicht von der arabischen Halbinsel, sondern eher aus Damaskus stammen. Es sind die gleichen Debatten, die in der Spätantike den Diskurs im Herrschaftsgebiet des byzantinischen Reiches bestimmt haben.
In seinen früheren Suren verfährt der Koran mit den Christen ähnlich wie mit den Juden. Er lobt sie und bezeichnet sie ebenfalls als Volk des Buches, wobei der Koran hier nur von einem einzigen Evangelium spricht *(indschil)*. Dieses sei Jesus direkt von Gott offenbart und nicht erst nach seinem Tod verfasst worden. Der Koran erkennt auch die wundersame Geburt Jesu an. Eine ganze Sure namens »Maria« widmet sich diesem Ereignis und den damit verbundenen Verheißungen. In einer weiteren Sure heißt es:

> »Und Maria, Imrans Tochter, die ihre hütete, drum hauchten Wir Unserem Geist in sie, und sie glaubte an die Wor-

> te ihres Herrn und seine Schriften und war eine der Demütigen.« (Sure 66:12)

Jesus gilt als »einer der Allah Nahen« (Sure 3:45), als Gesandter Gottes, der von diesem mit dem Heiligen Geist ausgestattet wurde:

> »Und Moses gaben wir die Schrift und ließen ihm Gesandte nachfolgen; und wir gaben Jesus, dem Sohn der Maria, die deutlichen Zeichen und stärkten ihn mit dem Heiligen Geist.« (Sure 2:87)

Er ist einer von zahlreichen Propheten, nicht aber Gottes Sohn. Gleichwohl ist er einer jener Männer, die Wunder vollbringen können. Der Koran schildert diese Wundertaten und addiert sogar eines dazu, das nicht in den vier Evangelien steht:

> »Und wird ihn entsenden zu den Kindern Israels. (Sprechen wird er:) ›Siehe, ich komme zu euch mit einem Zeichen von euerm Herrn. Siehe, ich will euch erschaffen aus Ton die Gestalt eines Vogels und will in sie hauchen, und sie soll werden ein Vogel mit Allahs Erlaubnis; und ich will heilen den Mutterblinden und Aussätzigen und will die Toten lebendig machen mit Allahs Erlaubnis, und ich will euch verkünden, was ihr essen und was ihr aufspeichern sollt in euern Häusern. Siehe, hierin ist wahrlich ein Zeichen für euch, so ihr gläubig seid.‹« (Sure 3:49)

Die erste Erwähnung der Christen als Glaubensgemeinschaft findet sich in Sure 85. Sie heißt »die Gläubigen« und gedenkt der Verbrennung einer Gruppe von Christen, die im

Jemen in vorislamischer Zeit wegen ihres Glaubens verfolgt wurden. Dort heißt es:

> »Bei dem Himmel mit seinen Türmen und dem verheißenen Tag, bei einem Zeugen und einem Bezeugten! (Verflucht sind die Leute) des brennstoffreichen Feuers, sobald sie an ihm sitzen und Zeugen sind für das, was sie den Gläubigen antaten. Und sie rächten sich an ihnen allein darum, dass sie an Allah glaubten, den Mächtigen, Rühmenswerten.« (Sure 85:1-8)

In Sure 57 werden die Anhänger Jesu als barmherzig und gütig beschrieben:

> »Alsdann ließen wir unsre Gesandten ihren Spuren folgen; und wir ließen Jesus, den Sohn der Maria, folgen und gaben ihm das Evangelium und legten in die Herzen derer, die ihm folgten, Güte und Barmherzigkeit.« (Sure 57:27)

Und ganz wie Jesus auferstanden ist und in den Himmel erhoben wurde, so wurden auch die Christen im Koran wohlwollend als Gläubige bezeichnet, die am Jüngsten Tag auf die Gnade Gottes hoffen dürfen:

> »(Gedenke,) da Allah sprach: ›O Jesus, siehe, ich will dich verscheiden lassen und will dich erhöhen zu mir und will dich von den Ungläubigen säubern und will deine Nachfolger über die Ungläubigen setzen bis zum Tag der Auferstehung. Alsdann ist zu mir eure Wiederkehr, und ich will richten zwischen euch über das, worin ihr uneins seid.‹« (Sure 3:55)

> »Nicht sind sie (alle) gleich. Unter dem Volk der Schrift ist eine (fest-)stehende Gemeinde, welche die Zeichen Allahs zur Zeit der Nacht liest und sich niederwirft. Diese glauben an Allah und an den Jüngsten Tag und heißen, was rechtens ist, und verbieten das Unrechte und wetteifern in den guten Werken; und sie gehören zu den Rechtschaffenen. Und was sie Gutes tun, nimmer wird es ihnen bestritten; und Allah kennt die Gottesfürchtigen.« (Sure 3:113-115)

Alle Koran-Kommentatoren sind sich darin einig, dass es sich bei der hier erwähnten Gemeinde um die Christen handelt.
In Sure 5 demonstriert der Koran ebenfalls Nähe zwischen Christen und Muslimen; während die Juden den Muslimen gegenüber feindlich gesinnt seien, würden »diejenigen, welche sprechen: ›Wir sind Nazarener‹« (Vers 82), den Muslimen am freundlichsten gegenüberstehen.
Aber wie so oft im Koran gilt eine solche positive Einschätzung nicht unumschränkt. Das belegen auch die folgenden Verse in der gleichen Sure:

> »Und wenn sie hören, was hinabgesandt ward zum Gesandten, siehst du ihre Augen von Tränen überfließen infolge der Wahrheit, die sie darin erkennen, indem sie sprechen: ›Unser Herr, wir glauben; so schreib uns ein unter jene, die es bezeugen. Und weshalb sollten wir nicht glauben an Allah und an die Wahrheit, die zu uns gekommen ist, und begehren, dass unser Herr uns einführt mit den Rechtschaffenen?‹ Und belohnt hat sie deshalb Allah für ihre Worte mit Gärten, durcheilt von Bächen, ewig darinnen zu verweilen; und solches ist der

> Lohn der Gutes Tuenden. Wer aber nicht glaubt und unsre Zeichen der Lüge zeiht, das sind die Gefährten des Höllenpfuhls.« (Sure 5:83-86)

Das bedeutet, die wirklich guten Christen sind diejenigen, deren Herzen weich werden, wenn sie den Koran hören, die Mohamed als Gesandten Gottes anerkennen und ihm als Kronzeugen gegenüber anderen Christen dienen.

Die »Verfälscher des Buches«

Anders als im Falle der Juden gibt es bei den Christen keinen äußeren Anlass, der den Sinneswandel, der später einsetzte, erklären würde. Sie haben weder gegen Mohamed aufbegehrt, noch waren sie für ihn eine ernsthafte politische oder religiöse Bedrohung. Dennoch erging es den Christen, die Mohameds Botschaft nicht annehmen wollten, wie den Juden: Sie wurden erst unterschwellig, dann wüst beschimpft. Zunächst wurden sie als »Verfälscher des Buches«, später als »Ungläubige« bezeichnet:

> »Wahrlich, ungläubig sind, welche sprechen: ›Siehe, Allah ist der Messias, der Sohn der Maria.‹ Und es sprach doch der Messias: ›O ihr Kinder Israels, dienet Allah, meinem Herrn und euerm Herrn.‹ Siehe, wer Allah Götter an die Seite stellt, dem hat Allah das Paradies verwehrt, und seine Behausung ist das Feuer; und die Ungerechten finden keine Helfer. Wahrlich, ungläubig sind, die da sprechen: ›Siehe, Allah ist ein dritter von drei.‹ Aber es gibt keinen Gott denn einen einigen Gott. Und so sie nicht

> ablassen von ihren Worten, wahrlich, so wird den Ungläubigen unter ihnen schmerzliche Strafe. Wollen sie denn nicht umkehren zu Allah und ihn um Verzeihung bitten? Und Allah ist verzeihend und barmherzig. Nicht ist der Messias, der Sohn der Maria, etwas andres als ein Gesandter; voraus gingen ihm Gesandte, und seine Mutter war aufrichtig. Beide aßen Speise. Schau, wie wir ihnen die Zeichen deutlich erklären! Alsdann schau, wie sie sich abwenden. Sprich: ›Wollt ihr anbeten neben Allah, was euch weder schaden noch nützen kann?‹ Und Allah, er ist der Hörende, der Wissende.« (Sure 5:72-76)

Wie lässt sich dieser Sinneswandel erklären? Hintergrund dieser Beschimpfung ist folgender: Im Koran wird behauptet, Jesus habe prophezeit, dass nach ihm ein Prophet namens Ahmed (gleicher Wortstamm wie Mohamed) kommen würde, und dass dies auch so im Evangelium stehe:

> »Und da Jesus, der Sohn der Maria, sprach: ›O ihr Kinder Israels, siehe, ich bin Allahs Gesandter an euch, bestätigend die Thora, die vor mir war, und einen Gesandten verkündigend, der nach mir kommen soll, des Name Ahmad ist.‹« (Sure 61:6)

Mohamed war der festen Überzeugung, er sei dieser Prophet. Doch die Christen konnten in ihren Büchern weder den Namen Ahmed noch die Ankündigung eines neuen Propheten finden. Das ist so allerdings nicht ganz richtig. An einer Stelle im Johannes-Evangelium findet sich tatsächlich eine Prophezeiung. Dort spricht Jesus:

> »Und ich will den Vater bitten, und er wird euch einen anderen Tröster geben, dass er bei euch sei in Ewigkeit: den Geist der Wahrheit, den die Welt nicht empfangen kann, denn sie sieht ihn nicht und kennt ihn nicht. Ihr kennt ihn, denn er bleibt bei euch und wird in euch sein.« (Johannes 14:16)

Möglicherweise handelt es sich hier um ein Missverständnis. Was Christen als den Heiligen Geist verstehen, verstehen Muslime bis heute als einen Verweis auf ihren Propheten.

Wie auch immer – da die Christen diese Prophezeiung nicht bestätigen konnten oder wollten, änderte sich die Sprache des Korans ihnen gegenüber und wurde immer polemischer. In der numerisch ersten Sure des Korans, die von Muslimen täglich 17-mal während des Gebets rezitiert wird, werden die Christen gemeinsam mit den Juden verflucht:

> »Leite uns den rechten Pfad, den Pfad derer, denen du gnädig bist, nicht derer, denen du zürnst, und nicht der Irrenden.« (Sure 1:6-8)

Der Koran-Exeget Ibn Kathīr (* 1301 im syrischen Bosra, † 1373 in Damaskus) schreibt, dass mit der Formulierung »denen du zürnst« die Juden gemeint seien, und mit »den Irrenden« die Christen. Ibn Kathīr listet zahlreiche anerkannte Aussagen von Mohamed auf, die diese Lesart bestätigen.[24] Eine Interpretation, der sich al-Tabri anschließt.[25] Auch heute lautet die herrschende Meinung, dass damit Juden und Christen gemeint sind.

Erst Freundschaftsverbot, dann Krieg

In einem weiteren Schritt wird es Muslimen verboten, sich mit Christen und Juden zu befreunden:

> »O ihr, die ihr glaubt, nehmt nicht die Juden und Christen zu Freunden; einander nehmen sie zu Freunden, und wer von euch sie zu Freunden nimmt, siehe, der ist von ihnen. Siehe, Allah leitet nicht ungerechte Leute.« (Sure 5:51)

Es wird keine Begründung geliefert, und es werden auch keine Ausnahmen gestattet. Ein fatales Gebot, das bis heute für Spannungen und Misstrauen zwischen Muslimen und Christen sorgt. Nicht nur Islamisten verwenden diesen Vers, um Hass und Gewalt gegen Christen zu schüren, sondern auch viele »normale« muslimische Eltern warnen ihre Kinder davor, sich mit christlichen Klassenkameraden in der Schule zu befreunden. Eine solche Einstellung errichtet eine Mauer zwischen muslimischen Kindern/Jugendlichen und der Mehrheitsgesellschaft, sie erschwert die Integration und fördert die Entstehung von Parallelgesellschaften. Allerdings muss in diesem Zusammenhang auch gesagt werden, dass einige moderate Imame diesen Vers nicht als allgemeingültig betrachten und meinen, es handele sich dabei nur um eine Anweisung für den Umgang mit christlichen Gemeinden zur Zeit des Propheten.

Obwohl die Christen Mohamed nicht bekämpft und keine Intrige gegen ihn geschmiedet haben, waren sie ebenfalls vom »totalen Krieg« gegen die Ungläubigen betroffen, der in der letzten Sure des Korans erklärt wurde:

> »Kämpfet wider jene von denen, welchen die Schrift gegeben ward, die nicht glauben an Allah und an den Jüngsten Tag und nicht verwehren, was Allah und sein Gesandter verwehrt haben, und nicht bekennen das Bekenntnis der Wahrheit, bis sie den Tribut aus der Hand gedemütigt entrichten.« (Sure 9:29)

Auch dieser Vers wird von militanten Islamisten heute als Rechtfertigung für die Vertreibung von Christen, die Zerstörung ihrer Glaubensstätten oder deren Erniedrigung herangezogen. Der Auftrag, den Krieg in die Welt der Ungläubigen zu tragen, erfüllt sich derzeit mit erschreckenden Folgen. Der Amoklauf von München im Juli 2016 wurde vom IS per Twitter mit den Worten gefeiert: »Es gibt keine Sicherheit für euch! Ihr habt die Tore zur Hölle geöffnet!« Auch wenn die Tat keinen islamistischen Hintergrund hatte, sie spielt den Radikalen in die Hände. Sie reklamieren nach Belieben Gewalttaten für sich und verfahren dabei überspitzt formuliert wie der Koran: Rückwirkend werden Rechtfertigungen für Taten geliefert, um sie zu legitimieren. Nicht sie haben die Tore zur Hölle geöffnet, die westliche Welt hat damit angefangen.

Kapitel 9
Frauen im Koran

Das Thema Frauen im Islam wird häufig sehr kontrovers und emotional diskutiert. Viele Debatten kreisen um einzelne Aspekte wie Kopftuch oder Burka, Schwimmunterricht für muslimische Schülerinnen, Zwangsheirat oder Ehrenmord. Ein Dickicht, in dem sich Laien wie Experten oft verheddern, ohne den Kern der »Frauen-Problematik« wirklich zu berühren.

Islamkritiker sehen einen direkten Zusammenhang zwischen der prekären Lage vieler Frauen in der islamischen Welt und der Stellung der Frau im Koran. Gläubige Muslime und auch viele Muslimas betonen dagegen unermüdlich, dass der Islam die Frau würdigt und sie gleichberechtigt behandelt. Die Unterdrückung der Frau in manchen islamischen Staaten führen sie eher auf kulturelle Aspekte zurück, etwa auf die Tradition der Stammesgesellschaft in vielen arabischen Ländern. Sie verweisen auch gerne auf frauenfeindliche Stellen im Alten Testament oder auf die Gewalt gegen Frauen in Indien, um zu untermauern, dass es sich dabei nicht um ein genuin islamisches Problem handelt.

Nun ist es tatsächlich schwierig, zwischen Religion und Kultur sauber zu trennen, zumal der Islam zunächst in der Tat ein Produkt jener Stammeskultur gewesen war. Einige dort etablierte Regeln im Umgang mit Frauen hat er übernommen, andere verworfen und neue hinzugefügt. Das ändert aber nichts daran, dass die islamische Welt heute einen unrühmlichen Spitzenplatz einnimmt, wenn es um die Benachteiligung von Frauen geht, um Gewalt gegen sie und um sexuelle Belästigung.

Zu dieser bitteren Realität hat die Religion sicherlich einen Beitrag geleistet, wenngleich andere Faktoren wie Erziehung, Bildung, Wohlstand und Krieg oder Frieden eine entscheidende Rolle dabei spielen, ob einer Frau die gleichen Rechte gewährt werden oder ob sie in einem kulturell-religiösen Käfig gehalten wird. Das Fatale an der spezifischen Gemengelage ist, dass die Religion in der islamischen Welt nach wie vor die größte intellektuelle und emotionale Kraft ist. Sie beeinflusst Erziehung, Bildung, Ökonomie und Rollenmodelle selbst in Familien, die nicht unbedingt alle Regeln der Religion strikt achten. Sie beeinflusst die Mentalität und das Menschenbild allgemein, aus dem wiederum das Frauenbild hervorgeht – und auch ein bestimmtes Verständnis von Sexualität.

Die Rolle der Frau im Islam zu beleuchten ist ein schwieriges Unterfangen, man gerät dabei leicht zwischen die Fronten. Auf der einen Seite die Kritiker, auf der anderen die Apologeten und Relativierer. Beide Seiten argumentieren in aller Regel mit Extrembeispielen: Hier die unterdrückte Frau in der Burka, dort die erfolgreiche, emanzipierte und unverschleierte Muster-Muslima. Beide werden herangezogen, um Identität zu schaffen und Loyalität – wahlweise zu radikaleren oder gemäßigteren Strömungen. Die große Mitte dazwischen wird selten beleuchtet und wahrgenommen. Der Kritiker möchte sich in seinem Bild bestätigt sehen, genau wie der Relativierer. Das macht eine Annäherung so schwierig.

Doch sehen wir uns nun einmal an, was der Koran und die darauf aufbauende Tradition für ein Frauenbild vermittelt. Was sagt das heilige Buch der Muslime zu Ehe und Sexualität? Existiert die Frau im Islam überhaupt außerhalb ihrer Rolle als Ehefrau und Mutter? Und gibt es vielleicht sogar einen Zusammenhang zwischen muslimischem Frauenbild und sexuellen Übergriffen?

Frauen als Vorbilder

Anders als die Bibel macht der Koran nicht Eva allein für den Sündenfall verantwortlich, sondern Adam und Eva gleichermaßen. Die Strafe – die Vertreibung aus dem Paradies – wird den beiden als gleichberechtigt Schuldigen mitgeteilt. Es steht auch nichts davon im Koran, dass Eva aus einer Rippe Adams geschaffen wurde, sondern:

> »O ihr Menschen, siehe, wir erschufen euch von einem Mann und einer Frau und machten euch zu Völkern und Stämmen.« (Sure 49:13)

Der Koran ist zwar im Ton – wie die Bibel auch – sehr patriarchal und richtet seine Ansprache an Männer, doch er spricht Frauen zumindest gelegentlich als von Männern unabhängige Wesen an, die Verantwortung für ihr eigenes Handeln tragen:

> »Siehe, die muslimischen Männer und Frauen, die gläubigen, die gehorsamen, die wahrhaftigen, standhaften, demütigen, almosenspendenden, fastenden, ihre Scham hütenden und Allahs häufig gedenkenden Männer und Frauen, bereitet hat ihnen Allah Verzeihung und gewaltigen Lohn.« (Sure 33:35)

Interessant ist auch, dass der Koran bei der Suche nach Vorbildern für die Gläubigen nicht automatisch auf Männer aus der Geschichte zurückgreift, sondern vielfach auf Frauen. Und zwar bei positiven wie auch bei negativen Beispielen: Die Ehefrauen Noahs und Lots zum Beispiel, die zwar beide mit Propheten verheiratet waren und dennoch irregeleitet wurden. Oder die Frau des Pharao, die mit einem ungläubigen Tyrannen verheiratet war, aber unerschütterlich an Gott glaubte. Und natürlich Maria, die Mutter Jesu:

> »Allah stellt ein Gleichnis für die Ungläubigen auf: Die Frau Noahs und die Frau Lots. Beide standen unter zweien unserer rechtschaffenen Diener, doch verrieten sie beide, und beide vermochten nichts für sie bei Allah; und gesprochen ward: ›Gehet ein ins Feuer mit den Eingehenden.‹ Und es stellt Allah ein Gleichnis für die Gläubigen auf: Die Frau Pharaos, da sie sprach: ›Mein Herr, baue mir bei dir ein Haus im Paradiese und rette mich vor Pharao und seinem Tun, und rette mich vor dem Volk der Ungerechten. Und Maria, Tochter von Imran, die ihre Scham hütete; drum hauchten wir unsern Geist in sie, und sie glaubte an die Worte ihres Herrn und seine Schriften und war eine der Demütigen.‹« (Sure 66:10-12)

Diese Gleichnisse richten sich an alle Gläubigen, die darin erwähnten Frauen sollen also auch Männern als Beispiel dienen. Bemerkenswert ist, dass die Entscheidungen einer Frau nicht vom Willen ihres Mannes abhängen und sie – wenn sie das will – gegen den Strom schwimmen kann, vor allem wenn es um den Glauben geht. Ist die Frau allerdings mit einem Gläubigen verheiratet, ist es nicht mehr weit her mit dieser Unabhängigkeit. Dazu später mehr.

Auf Augenhöhe mit den Männern?

Die Gleichwertigkeit der Geschlechter erkennt man auch daran, dass der Koran einen grausamen Brauch verurteilt, der bei einigen Stämmen in Arabien verbreitet war: Nämlich den, dass Väter neugeborene Töchter lebendig begruben, weil sie lieber einen Sohn gehabt hätten:

> »Und wenn die Seelen gepaart werden (mit ihren Leibern) und wenn das lebendig begrabene (Mädchen) gefragt wird, um welcher Sünde willen es getötet ward.« (Sure 81:7-9)

An einer anderen Stelle wird dieser Brauch erneut als falsch beschrieben:

> »Und wenn einem von ihnen eine Tochter angekündigt wird, dann bedeckt ein schwarzer Schatten sein Gesicht, und er grollt. Er verbirgt sich vor dem Volk wegen der üblen Nachricht: Soll er es zur Schande behalten oder im Staub vergraben? Ist nicht ihr Urteil falsch?« (Sure 16:58-59)

Aus diesen und der folgenden Passage wird ersichtlich, dass der Koran kein bevorzugtes Geschlecht kennt, sondern Mädchen wie Jungen als Gabe Gottes betrachtet:

> »Allahs ist das Reich der Himmel und der Erde; er schafft, was er will, er gibt, wem er will, Mädchen, und gibt, wem er will, Knaben. Oder er paart ihnen Knaben und Mädchen und macht, wen er will, unfruchtbar. Siehe, er ist wissend und mächtig.« (Sure 42:49-50)

Wenn man sich die Biographie Mohameds in Erinnerung ruft, kann man die Bedeutung solcher Textstellen besser verstehen: Der Prophet selbst hatte keine Söhne, weshalb ihn die Mekkaner oft mit Spott kränkten. Durch die Gleichstellung von Mädchen konnte der Prophet sein eigenes Ansehen aufpolieren – er hatte schließlich mehrere Töchter. Nicht ganz korrekt kann hingegen die islamische Erzählung sein, nach der dieser Brauch des Töchtermordes vor Mohamed in allen arabischen Stämmen verbreitet war. Erst der Prophet habe dem ein Ende bereitet. Aus den gleichen Quellen und auch aus dem Koran wissen wir, dass Mohamed und seine Gefährten mit mehreren Frauen gleichzeitig verheiratet waren, was nicht gerade auf einen Frauenmangel hindeutet.

Ähnlich scheint es sich auch mit dem Erbrecht zu verhalten. Moderate Muslime behaupten, Mohamed sei der Erste gewesen, der das Erbrecht für Frauen eingeführt habe. Doch dies widerspricht den frühislamischen Quellen, in denen steht, Mohameds erste Frau Khadidscha sei bereits vor dem Islam und vor ihrer Heirat mit dem Propheten eine reiche Erbin gewesen. Eingeführt hat der Prophet das Erbrecht für Frauen also eher nicht, wohl aber legt der Koran den entsprechenden Erbanteil für Frauen fest:

> »Die Männer sollen einen Teil von der Hinterlassenschaft ihrer Eltern und Verwandten empfangen, und ebenfalls sollen die Frauen einen Teil von der Hinterlassenschaft ihrer Eltern und Verwandten empfangen. Sei es wenig oder viel, sie sollen einen bestimmten Teil haben. Und so die Verwandten und die Waisen und Armen bei der Teilung zugegen sind, so schenket ihnen etwas davon und sprechet freundliche Worte zu ihnen.« (Sure 4:7-8)

Wie diese Aufteilung genau auszusehen hat, findet sich ebenfalls in Sure 4. Die Tochter etwa darf nur die Hälfte dessen erben, was ihrem Bruder zusteht. Für uns heute klingt das unfair, doch für die damaligen Verhältnisse machte diese Regelung Sinn: Die Frau durfte damals ihren Erbteil komplett für sich behalten; sie musste davon weder ihre Kinder versorgen noch ein Haus für die Familie oder Waffen zur Verteidigung kaufen, wie das von den Männern erwartet wurde. Außerdem war die Zuteilung der Erbteile nur eine Empfehlung und kein Gebot:

> »Allah empfiehlt euch hinsichtlich eurer Kinder, dem Knaben zweier Mädchen Anteil zu geben. Sind es aber (nur) Mädchen, mehr als zwei, sollen sie zwei Dritteile der Hinterlassenschaft erhalten. Ist's nur ein Mädchen, soll es die Hälfte haben.« (Sure 4:11)

Der Koran wäre aber nicht der Koran, wenn es nicht auch Passagen darin gäbe, die diese positive Gleichstellung der Geschlechter aushebeln – warum sollten die Widersprüche auch vor diesem Thema haltmachen?
So steht im Koran denn auch eindeutig, dass Männer den Frauen überlegen seien, weil diese ihnen Geld zur Verfügung stellen:

> »Die Männer sind den Weibern überlegen wegen dessen, was Allah den einen vor den andern gegeben hat, und weil sie von ihrem Vermögen (für die Frauen) auslegen.« (Sure 4:34)

Der Vers irritiert, zumal gerade Mohamed lange in finanzieller Abhängigkeit von seiner ersten Frau lebte. Sowohl al-

Tabari als auch Ibn Kathīr erklären den Kontext dieses Verses so: Eine Frau sei von ihrem Mann geohrfeigt worden; da ihr Gesicht davon deutlich gekennzeichnet war, habe sie den Propheten aufgesucht und sich bei ihm beklagt. Zu Anfang des Gesprächs sagte Mohamed, der Mann hätte dies nicht tun dürfen. Al-Tabari schreibt sogar, der Prophet habe der Frau zugebilligt, ihrem Mann zur Vergeltung auf die gleiche Stelle im Gesicht zu schlagen. Vers 34 in Sure 4 sei offenbart worden, um den Propheten zu korrigieren: Ein Mann dürfe seine Frau schlagen, weil er sein Vermögen für sie auslegt und ihr damit überlegen ist.[26]
Die Rechtsgelehrten des klassischen Islam sehen die Überlegenheit des Mannes, die in diesem Vers zum Ausdruck kommt, als Grundlage dafür, dass Männer das Recht haben, Frauen zu züchtigen und sie zu Hause einzusperren. Darüber hinaus wird aus diesem Vers jene Regel bei der Eheschließung abgeleitet, nach der nur der Mann das Scheidungsrecht hat.

Ehe und Sexualität

Die erste koranische Erwähnung der Ehe findet sich in der mekkanischen Sure »Die Römer«. Da hier auch das Wort »Liebe«, das sonst interessanterweise kaum im Text erwähnt wird, vorkommt, wird dieser Vers in der islamischen Welt fast immer auf Hochzeitseinladungskarten gedruckt:

> »Und zu seinen Zeichen gehört es, dass er euch von euch selber Gattinnen erschuf, auf dass ihr ihnen beiwohnet, und er hat zwischen euch Liebe und Barmherzigkeit ge-

> setzt. Siehe, hierin sind wahrlich Zeichen für nachdenkende Leute.« (Sure 30:21)

In den meisten Übersetzungen ist nur die Rede von »Gattinnen«, doch das arabische Wort *azwaj* bedeutet Gatten und Gattinnen gleichermaßen. Gesagt werden soll hier nichts anderes, als dass Frau und Mann auseinander entstanden und insofern eigentlich als gleichwertig zu betrachten sind. Allerdings stammt diese Sure noch aus jener Zeit, zu der Mohamed nur mit einer Frau verheiratet war (Khadidscha), die ihn liebte und versorgte. Später werden Frauen im Koran vermehrt als von Männern abhängig und als Objekte männlichen Begehrens beschrieben.

Manche Muslime verweisen in diesem Zusammenhang gerne darauf, dass das so nicht stimme. Schließlich gebe es eine lange Sure mit dem Namen »Die Frauen«, was zeige, wie sehr der Koran das weibliche Geschlecht würdige. Sie übersehen dabei, dass es andere Suren gibt, die da heißen »Die Kuh«, »Die Spinne«, »Die Biene« oder »Die Ameisen«, ohne dass darin eine Würdigung dieser Lebewesen enthalten wäre. Außerdem handelt es sich bei »Die Frauen« um die berühmte Sure 4, in der einige gerade für das weibliche Geschlecht sehr unangenehme Dinge stehen. Etwa zur Polygamie, die selbstverständlich Männern vorbehalten ist:

> »So nehmt euch zu Weibern diejenigen, die euch gut dünken, zwei oder drei oder vier; doch so ihr fürchtet, nicht billig (gerecht) zu sein, heiratet nur eine oder was ihr (an Sklavinnen) besitzt. Solches schützt euch eher vor Ungerechtigkeit.« (Sure 4:3)

Immerhin schränkt der Koran die Vielweiberei ein und knüpft sie an die Bedingung, der Mann solle unter allen seinen Frauen Gerechtigkeit walten lassen. Dass dies kaum möglich ist, steht passenderweise in der gleichen Sure:

> »Nimmer ist es euch möglich, in (gleicher) Billigkeit gegen eure Frauen zu verfahren, auch wenn ihr danach trachtetet. Doch wendet euch nicht gänzlich (von der einen oder andern) ab, sodass ihr sie wie in der Schwebe lasset. Söhnet ihr euch aus und fürchtet ihr Allah, siehe, so ist Allah verzeihend und barmherzig.« (Sure 4:129)

Der Koran erlaubt es Muslimen nicht, mit verheirateten Frauen Geschlechtsverkehr zu haben – es sei denn, bei diesen Frauen handelt es sich um Kriegsgefangene. Dann darf ein Muslim sie als Sklavin besitzen und mit ihr sexuell verkehren; ihr Status (verheiratet/ledig) spielt in diesem Fall keine Rolle:

> »Und (verwehrt sind euch) verheiratete Frauen außer denen, die eure rechte (Hand an Sklavinnen) besitzt. Dies ist Allahs Vorschrift für euch.« (Sure 4:24)

Während der Mann also das Recht hat, mehrere Frauen gleichzeitig zu heiraten, sich einer unbegrenzten Zahl von Sklavinnen sexuell zu bedienen, darf die Frau außerhalb der Ehe keinen Geschlechtsverkehr haben. Nicht einmal mit einem Mann, den sie liebt:

> »Und wer von euch nicht vermögend genug ist, gläubige Frauen zu heiraten, der heirate von den gläubigen Sklavinnen, die seine rechte (Hand) besitzt; und Allah kennt

sehr wohl euern Glauben. Ihr seid einer vom andern. Drum heiratet sie mit Erlaubnis ihrer Herren und gebet ihnen ihre Morgengabe nach Billigkeit. Sie seien jedoch keusch und sollen nicht Hurerei treiben und sich keine Geliebten halten. Sind sie aber verheiratet und begehen Ehebruch, so treffe sie die Hälfte der Strafe der verheirateten (freien) Frauen. (Diese Verordnung ist) für den von euch, der die Sünde fürchtet; doch besser ist's für euch, davon abzustehen. Und Allah ist verzeihend und barmherzig.« (Sure 4:25)

Die Keuschheit der Frau ist ein zentraler Aspekt im Islam. Die neue Religion konnte dabei auf vorislamische Traditionen zurückgreifen. Da für die Araber die genealogische Abstammung sehr wichtig ist, waren Jungfräulichkeit vor der Ehe und Keuschheit nach der Eheschließung fundamental; das Blut der Familie sollte rein bleiben. Daran hat sich bis heute nichts geändert: Die Keuschheit der Frau ist fest mit dem Begriff »Ehre« verknüpft. Missachtet sie die Gebote und Verbote, ist die Ehre der gesamten Familie beschmutzt.

Auch im Westen achten viele muslimische Familien darauf, dass ihre Töchter keinen Sex vor der Ehe haben. Sie werden oft streng überwacht, schikaniert und notfalls sehr früh verheiratet, bevor sie »Schande« über die Familie bringen können. In den letzten Jahren häuften sich die Fälle von sogenannten Ehrenmorden innerhalb muslimischer Familien in Europa. Väter oder Brüder töteten die eigene Tochter bzw. Schwester, weil sie angeblich die Familie »entehrt« hätten. In einigen Fällen reichte es bereits aus, dass die junge Frau einen nichtmuslimischen Freund hatte oder einen westlichen Lebensstil führte.

Diese Gewalt gegen Frauen als Vergeltung für die frei gelebte Sexualität stützt sich sowohl auf vorislamische Traditionen als auch auf koranische Texte, in denen die Frau für Liebe vor bzw. außerhalb der Ehe bestraft wird. Hier kann man Kultur und Religion also nicht voneinander trennen, beide haben ähnliche Frauen- und Rollenbilder generiert, die die Dynamik der Unterdrückung begünstigen.

Unzucht und Ehebruch

Es ist allgemein bekannt, dass außereheliche Sexualität im Islam verboten ist (abgesehen von der eben erwähnten Ausnahme für Männer in Bezug auf kriegsgefangene Sklavinnen). Doch die Formulierung als solche findet sich nirgendwo im Koran. Dort steht lediglich der Begriff *zina*, was mit »Unzucht« übersetzt werden kann.
Analog zu Mohameds Biographie steigert sich der Koran in seiner Haltung zu diesem Thema: von einer Warnung bis hin zu schwersten Strafen. Ein ähnliches Vorgehen lässt sich beispielsweise auch beim Thema Alkohol feststellen, der in drei Schritten verboten wurde. Zunächst hieß es:

> »Sie befragen dich nach dem Wein und dem Spiel. Sprich: ›In beiden liegt große Sünde und Nutzen für die Menschen. Die Sünde in ihnen ist jedoch größer als ihr Nutzen.‹« (Sure 2:219)

Hier wird kein absolutes Alkohol-Verbot ausgesprochen, sondern nur ein Hinweis gegeben hinsichtlich Nutzen und Schaden.

In einem zweiten Schritt wurde den Gläubigen untersagt, betrunken zum Gebet zu erscheinen:

> »O ihr, die ihr glaubt, nähert euch nicht trunken dem Gebet (sondern wartet), bis ihr wisset, was ihr sprechet, und auch nicht von Samen befleckt, es sei denn, ihr zöget des Weges, bis ihr euch gewaschen habt.« (Sure 4:43)

Erst im letzten Schritt kommt dann das Verbot, das allerdings eher wie eine Empfehlung klingt, getarnt hinter einer Frage:

> »O ihr, die ihr glaubt, siehe, der Wein, das Spiel, die Opfersteine und die Pfeile sind ein Greuel von Satans Werk. Meidet sie; vielleicht ergeht es euch wohl. Der Satan will nur zwischen euch Feindschaft und Hass werfen durch Wein und Spiel und euch abwenden von dem Gedanken an Allah und dem Gebet. Wollt ihr deshalb nicht davon ablassen?« (Sure 5:90-91)

Es scheint also nicht um den Alkohol-Genuss an sich gegangen zu sein, sondern um die schlimmen Folgen eines übertriebenen Konsums, der sich in Hass und Feindschaft niederschlagen und den inneren Frieden einer Gemeinde massiv stören kann.

Eine ähnliche Steigerung erkennt man beim Umgang mit Sexualität außerhalb der Ehe. Zunächst wurde nur eine Mahnung ausgesprochen:

> »Und bleibt fern der Hurerei; siehe, sie ist eine Schändlichkeit und ein übler Weg.« (Sure 17:32)

Zina wird hier mit »Hurerei« übersetzt, in anderen Übersetzungen mit »Unzucht«, was ich für richtiger halte. Damit umfasst es jede Form des Geschlechtsverkehrs außerhalb des Rahmens, den der Koran setzt.
Doch offensichtlich hielten sich die Gläubigen nicht an diese Ermahnung. Da Mohamed viele Kriege fern von Medina führte und seine Soldaten ihre Frauen oft lange Zeit alleine zurückließen, kam es vor, dass manche Männer ihre Frauen bei der Rückkehr im Bett mit anderen Männern vorfanden. Der Prophet musste intervenieren und führte eine Strafe für Unzucht ein:

> »Die Hure und den Hurer, geißelt jeden von beiden mit hundert Hieben; und nicht soll euch Mitleid erfassen zuwider dem Urteil Allahs, so ihr an Allah glaubt und an den Jüngsten Tag. Und eine Anzahl der Gläubigen soll Zeuge ihrer Strafe sein. Der Hurer soll nur eine Hure heiraten oder eine Heidin; und die Hure soll nur einen Hurer heiraten oder einen Heiden. Und verwehrt ist solches den Gläubigen.« (Sure 24:2-3)

Auch hier ist »Unzuchttreiber/Unzuchttreiberin« aus meiner Sicht akkurater als der Begriff »Hurer/Hure«.
Als selbst Mohameds Ehefrauen Aischa und Maria beschuldigt wurden, eine Affäre mit einem anderen Mann gehabt zu haben, wurde die Strafe verschärft. Die Steinigung war nun die Vergeltung dafür, wenn verheiratete Frauen und Männer Unzucht trieben.
In der jetzigen Fassung des Korans steht zwar nirgends etwas von Steinigung geschrieben, doch die frühen Rechtsgelehrten waren sich einig, dass es einst einen entsprechenden Koran-Vers gegeben hat. Der sei später aber entfernt wor-

den. Von wem und warum, ist nicht bekannt. Das klassische islamische Recht beruft sich also auf einen getilgten Text, der dennoch bei der Urteilsverkündung Gültigkeit besitzen soll.

Wie kann das gehen? Das geht, indem man sich auf einige außerkoranische Erzählungen über den Propheten beruft. So berichtet zum Beispiel der zweite Kalif Omar Ibn al-Khattab (Regentschaft von 634 bis 644; er wird nur von den Sunniten als einer der vier »recht geleiteten« Kalifen betrachtet):

> »Allah hat Mohamed, Allahs Segen und Frieden seien auf ihm, mit Wahrheit gesandt. Er hat ihm das Buch (den Koran) offenbart, darunter den Vers der Steinigung. Wir haben diesen Vers rezitiert, verstanden und im Kopf behalten. Der Gesandte Allahs, Allahs Segen und Heil auf ihm, bestrafte mit der Steinigung, und nach ihm haben wir auch die Steinigung (als Strafe) angewendet. Ich fürchte aber, wenn es lange Zeit über die Menschen (nach dem Propheten) vergeht, bis jemand sagt: Wir finden nichts über die Steinigung im Buche Allahs. Und dann gehen sie mit der Unterlassung einer Bestimmung, die Allah herabgesandt hatte, in die Irre. Wahrlich die Steinigung steht im Buch Allahs und ist eine gerechte Strafe für diejenigen, Männer und Frauen, die Unzucht begehen, nachdem sie geheiratet haben, solange der Beweis oder die Schwangerschaft oder das Geständnis vorliegen.«[27]

Wer nun aber glaubt, die Steinigung sei die schlimmstmögliche Strafe für Unzucht, der sei eines Besseren belehrt. Ein Vers im aktuellen Text des Korans legt nahe, dass der Tod die gerechte Strafe für eine Ehebrecherin sei. Von Männern ist in diesem Zusammenhang keine Rede. Immerhin: Um die Strafe vollziehen zu können, müssen vier Zeugen aussagen, den Geschlechtsakt mit eigenen Augen gesehen zu haben:

> »Und wer von euern Weibern eine Hurerei begeht, so nehmet vier von euch zu Zeugen wider sie. Und so sie es bezeugen, so schließet sie ein in die Häuser, bis der Tod ihnen naht oder Allah ihnen einen Weg gibt.« (Sure 4:15)

Man kann durchaus vermuten, dass Mohamed Ehebrecherinnen (und Ehebrecher) nicht wirklich töten wollte. Offensichtlich wollte er nur eine wirkungsvolle Warnung aussprechen, sonst hätte er die Hürde mit den vielen Zeugen wohl nicht eingebaut. Es ist doch äußerst unwahrscheinlich, dass ein Mann, der seine Frau in flagranti mit einem anderen erwischt, sogleich zu den Nachbarn rennt, um vier Zeugen zu holen, die das sündige Paar noch eine Weile beobachten, damit sie anschließend eine detaillierte Aussage machen können …

Züchtigung und Mediation

Der Koran tut nicht nur alles, dass Frauen keinen vor- oder außerehelichen Sex haben. Er tut auch alles dafür, dass eine Frau ihrem Ehemann stets gehorsam ist – sonst droht ihr im schlimmsten Fall Gewalt. Das ist allerdings kein Automatismus, ein gewisser Prozess muss durchlaufen worden sein, ehe ein Mann seine Frau züchtigen darf. Dies wird ihm dann gestattet, wenn seine Frau tatsächlich ungehorsam war –

oder wenn er befürchtet, sie könnte ungehorsam sein. Immerhin ist das Schlagen nicht gleich das erste Mittel der Wahl. Zunächst sollte der Mann seine Frau ermahnen und sie im Bett meiden. Sollte sie trotzdem immer noch widerspenstig sein (oder er dieses für die Zukunft befürchten), darf er sie schlagen.

Ende 2009 saß ich mit dem Islamwissenschaftler und Religionsphilosophen Ahmad Milad Karimi bei einer SWR-Fernsehsendung und diskutierte mit ihm über Islam und Sexualität. Die Moderatorin erwähnte den berühmten Züchtigung-Vers aus Sure 4 und fragte den Experten, warum der Koran dem Mann erlaubt, seine Frau zu schlagen. Der sympathische Karimi wertete es als positiv, dass der Koran nicht sofort die Knute auspackt, sondern der widerspenstigen Frau die Chance zur Umkehr einräumt. Weil erst gemahnt und dann gemieden werden müsse, sei der Weg für Gewalt erschwert.

Ob sich jeder Mann in der Realität wohl an diesen Dreischritt hält?

Andere meinen, mit »Schlagen« sei gar nicht die körperliche Züchtigung gemeint, sondern »gehen lassen«, obwohl der Imperativ »und schlagt sie« unmissverständlich im Vers steht und dies von allen früheren Koran-Exegeten auch im Wortsinn interpretiert wurde:

> »Die rechtschaffenen Frauen sind gehorsam und sorgsam in der Abwesenheit (ihrer Gatten), wie Allah für sie sorgte. Diejenigen aber, für deren Widerspenstigkeit ihr fürchtet – warnet sie, verbannt sie aus den Schlafgemächern und schlagt sie. Und so sie euch gehorchen, so suchet keinen Weg wider sie; siehe, Allah ist hoch und groß.« (Sure 4:34)

Gleichwohl setzt der Koran nicht nur auf Gewalt bei ehelichen Konflikten. Ein Raum für Mediation und ein friedliches Beilegen von Meinungsverschiedenheiten wird immer noch angeboten:

> »Und so ihr einen Bruch zwischen beiden befürchtet, dann sendet einen Schiedsrichter von ihrer Familie und einen Schiedsrichter von seiner Familie. Wollen sie sich aussöhnen, so wird Allah Frieden zwischen ihnen stiften. Siehe, Allah ist wissend und weise.« (Sure 4:35)

Doch wie sieht es für den Fall aus, dass eine Frau willkürlicher Gewalt seitens ihres Mannes ausgesetzt ist? Hier hat Allah eine ganz und gar friedliche Lösung gefunden:

> »Und so eine Frau von ihrem Ehemann rohe Behandlung oder Abneigung befürchtet, so begehen sie keine Sünde, wenn sie sich versöhnen, denn Versöhnung ist das Beste.« (Sure 4:128)

Überhaupt mahnt der Koran die Männer, mit freundlichen Worten zu ihren Ehefrauen zu sprechen und sie gut zu versorgen:

> »Und gebet den Weibern ihre Morgengabe freiwillig. Und so sie euch gern etwas davon erlassen, so genießet es bekömmlich und zum Wohlsein. Und gebet nicht den Toren (Leichtsinnigen) euer Gut, das Allah euch gegeben hat zum Unterhalt. Versorget sie mit ihm und kleidet sie und sprechet zu ihnen mit freundlichen Worten.« (Sure 4:5-6)

Dass die Ehe auch dazu dienen soll, Frauen angemessen zu versorgen, scheint auf den ersten Blick positiv; Frauen wie Mohameds Ehefrau Khadidscha waren damals die Ausnahme. Die erfolgreiche Unternehmerin war in Mekka geachtet, gleichwohl konnten sich die wenigsten Händler dieses Modell für die eigenen Ehefrauen vorstellen. Aber, wir erinnern uns: Die Frau ist dem Mann unterlegen, weil er sein Geld für sie gibt. Diese Unterlegenheit wird dadurch zementiert, dass die Ehe als Versorgungsmodell gesehen wird. Die Verpflichtung zu einer angemessenen Versorgung soll sogar über eine Trennung hinaus Bestand haben. Laut Koran darf nur der Mann eine Scheidung fordern; er wird aber angehalten, sich in »guter Weise« von seiner Frau zu trennen und darauf zu achten, dass sie versorgt ist:

> »O ihr, die ihr glaubt, wenn ihr gläubige Frauen heiratet und euch von ihnen scheidet, bevor ihr sie berührt habt, so habt ihr keinen Termin in Bezug auf sie innezuhalten. Doch versorget sie und entlasset sie in geziemender Weise. (Sure 33:49)

Verschleiert und versteckt

Je mehr Frauen Mohamed hatte, desto mehr verschwand das Prinzip der Gleichberechtigung, das in früheren Suren spürbar war. Stattdessen werden Frauen zunehmend als »Besitz« des Mannes angesehen. Einmal mehr scheint hier Mohameds Biographie auf den Koran abzufärben. Man darf nicht vergessen, dass der Prophet auf die sechzig zusteuerte, während die meisten seiner neuen Frauen in den Zwanzigern oder noch jünger waren. Das führte zu Unsicherheit und Verlustängsten, die so weit gingen, dass sich Frauen verhüllen sollten, um nicht Begehrlichkeiten bei anderen Männern zu wecken:

> »O Prophet, sprich zu deinen Gattinnen und deinen Töchtern und den Frauen der Gläubigen, dass sie sich in ihren Überwurf verhüllen. So werden sie eher erkannt und werden nicht verletzt. Und Allah ist verzeihend und barmherzig.« (Sure 33:59)

Dieser Vers aus Sure 33 dient konservativen Muslimen dazu, das Tragen des Schleiers für eine Frau als religiöse Pflicht jenseits von Zeit und Raum zu betrachten. Doch wenn man sich den Kontext dieses »Gebots« vergegenwärtigt, könnte man auch zu dem Schluss kommen, dass es in der heutigen Welt, vor allem in der westlichen, selbst aus muslimisch-theologischer Sicht keinen Sinn macht, von einer Muslima das Tragen eines Kopftuchs oder einer Burka zu verlangen. In der Gesellschaft, in der Mohamed lebte, war sexuelle Belästigung gang und gäbe. Dieser Vers birgt einen Widerspruch. Denn Mohameds Frauen sollten in Medina durch das Tragen des Schleiers erkennbar sein, damit sie nicht belästigt werden. Schon vor dem Islam war es üblich, dass freie Frauen den Schleier trugen, während Sklavinnen untersagt war, sich zu verschleiern. Auch im Islam durfte eine Sklavin kein Kopftuch tragen, um als Sklavin erkannt zu werden. Die Sache hatte am Anfang also nichts mit Moral, sondern eher mit Diskriminierung zu tun. Der Schleier hatte hier keine religiöse, sondern eher eine gesellschaftliche Schutzfunktion.
Seitdem haben sich die Zeiten geändert. Natürlich gibt es

immer noch und in jeder Gesellschaft sexuelle Übergriffe. Kein Gesetz und kein Schleier können Frauen davor bewahren, so bitter das ist. Während zu Mohameds Zeiten die Verschleierung noch als probates Mittel gegolten haben mag, Frauen zu schützen und in gewisser Weise »unsichtbar« zu machen, ist es heute eher umgekehrt: In Gesellschaften, in denen die Mehrheit der Frauen weder ein Kopftuch trägt noch sich sonst verhüllt, fallen sie viel stärker auf und können so zur Zielscheibe werden für jene, die den Islam generell ablehnen. Gerade die enge Verbindung oder gar Gleichsetzung von Islam und Verschleierung/Kopftuch führt dazu, dass muslimische Frauen im Westen Anfeindungen und rassistischen Angriffen ausgesetzt sind, eben weil sie sich verhüllen.
In den vergangenen Jahren kochte in Deutschland die »Schleierdiskussion« immer mal wieder hoch. Gestritten wurde darüber, ob eine Lehrerin oder auch eine Richterin durch das Tragen des Kopftuches nicht das Neutralitätsprinzip verletzen würde. Und ob ein Kopftuchverbot nicht das Recht auf die freie Ausübung der Religion verletzen würde. Was mir persönlich in diesen Debatten fehlte, ist die Frage, ob – und wenn ja, warum – das Tragen des Schleiers/Kopftuchs noch einen Sinn für die Frau von heute machen soll. Der Zweck des Schleiers, der in Zeiten von Raubzügen und Stammesfehden möglicherweise wirklich eine Schutzfunktion gehabt hatte, wird eins zu eins auf die Gegenwart übertragen. Man darf nicht hinterfragen, was nicht in Frage gestellt werden darf.
In westlichen Gesellschaften setzen sich liberale muslimische Frauen, die selbst kein Kopftuch tragen, teils im Namen der Freiheit für jene Frauen ein, die sich bedecken wollen. Aus einem der historischen und persönlichen Situation Mo-

hameds geschuldeten Gebot wurde so nicht nur ein identitätsstiftendes Symbol für viele Muslimas, sondern auch ein politisches Kampfsymbol, das von islamistischen Gruppierungen missbraucht wird. Viele westliche Politiker sind gleichzeitig bemüht, das Kopftuch zu rehabilitieren. Ist es nicht gerade ein Zeichen für die Offenheit und Toleranz des Westens, in dem die freie Ausübung der Religion nun einmal fest verankert ist? US-Präsident Barack Obama ließ sich sogar im Vorfeld der Olympischen Spiele in Rio de Janeiro 2016 mit einer entsprechend bedeckten Sportlerin fotografieren. Er äußerte, wie stolz er auf die junge Frau sei, die Amerika repräsentierte, und wollte gleichzeitig ein Signal an den republikanischen Präsidentschaftskandidaten Donald Trump senden, der für einen möglichen Wahlsieg ankündigt hatte, die Einwanderung von Muslimen nach Amerika zu stoppen. Eine solche Ankündigung ist natürlich unsinnig. Es passt nicht zu einer freien Gesellschaft, ganze Gruppen ausschließen zu wollen – egal, ob wegen ihrer Religion, ihrer Hautfarbe oder irgendeinem anderen Grund. Gleichwohl sendet ein solches Bild eine zwiespältige Botschaft: Sie kann den Eindruck vermitteln, dass das Kopftuch fester Bestandteil des Muslima-Seins ist. Zudem dient dieses Bild auch der Propaganda jener Islamisten, die das Tragen des Kopftuchs forcieren wollen. Das wiederum setzt Frauen in der islamischen Welt unter Druck, die sich nicht bedecken oder verhüllen. Ihnen fehlen die prominenten Vorbilder.

Mohamed ging damals noch einen Schritt über das Gebot der Verhüllung hinaus; er verbot seinen Frauen später sogar, das Haus zu verlassen. Aus seiner Sicht die ultimative Schutzmaßnahme:

»Und sitzet still in euren Häusern und schmücket euch nicht wie in der früheren Zeit der Unwissenheit und verrichtet das Gebet und entrichtet die Armenspende und gehorchet Allah und seinem Gesandten. Siehe, Allah will von euch als den Hausleuten den Greuel nehmen und euch völlig reinigen.« (Sure 33:33)

Dass der Koran nicht im Kontext, sondern als allgemeingültig verstanden wird, hat hier ebenfalls fatale Folgen: Als die Taliban von 1996 bis 2001 die Macht in Afghanistan innehatten, war es Frauen untersagt, aus dem Haus zu gehen. Mädchen durften nicht mehr in die Schule, Frauen nicht mehr zur Arbeit, nicht einmal im Krankenhaus wurden sie mehr behandelt. Die Taliban beriefen sich dabei auf diesen Vers. Das ganze Land wurde zurück ins finstere Mittelalter getrieben. Wer dagegen aufbegehrte, musste fürchterlich dafür bezahlen.

Sexuelle Belästigung

Der Prophet tat in Bezug auf Ehe und Sexualität nach den Regeln seiner Zeit nichts Verwerfliches. Er heiratete mehrere Frauen, durfte mit Sklavinnen und Kriegsgefangenen Sex haben und versuchte seine jungen Frauen vor Belästigungen und sexuellen Übergriffen zu schützen. Das Problem ist einmal mehr, dass die koranischen Erzählungen nicht im damaligen Kontext verstanden werden, sondern als bis heute gültige Vorschriften. Das hat extreme Auswirkungen, die soweit gehen, dass Vergewaltigungen mit dem Verweis auf den Propheten legitimiert werden. Ich las kürzlich ein Interview mit einer Jesidin, der es nach einem monatelangen Martyrium gelungen war, dem IS zu entkommen. Sie war mehrfach von einem Kommandanten vergewaltigt worden, der ihr sagte, dass er durch diese Tat Gott näherkomme. Weil Allah laut Koran seinem treuen Diener gestattet, kriegsgefangene Frauen als Sex-Sklavinnen zu missbrauchen. Vorfälle wie dieser sind sicherlich extrem, aber sie sind leider keine Einzelfälle. Gleiches geschieht in Nigeria, wo Kämpfer der Terrorgruppe Boko Haram Frauen und Mädchen verschleppen und als Sklavinnen halten.

In Deutschland verschärften die Vorfälle in Köln am Silvesterabend 2015 die Debatte über die Haltung des Islam zu Frauen und Sexualität. Auch hier standen sich zwei Lager gegenüber, die ganze Stimmung war hochemotional. Zum ersten Mal in der jüngeren Geschichte des Landes waren Frauen von Hunderten von Männern über Stunden eingekesselt, belästigt, beraubt, gedemütigt und teils vergewaltigt worden. Die Täter stammten aus dem arabisch-muslimischen Kulturkreis, einige waren als Flüchtlinge gekommen. Die Nachrichten über die Vorfälle sickerten nur langsam durch. In der Absicht, Flüchtlinge und Migranten vor einem Generalverdacht zu schützen, wurde der ethnische oder religiöse Hintergrund der Täter sehr zögerlich thematisiert. Ein Vorgehen, das sich im Nachhinein als falsch herausstellte. Es goss Wasser auf die Mühlen derjenigen, die hinter jedem Artikel gleich Machenschaften der »Lügenpresse« vermuten und die das Gefühl haben, Meinungen würden »von oben« gesteuert und der Bürger würde für dumm verkauft. Es war Wasser auf die Mühlen derjenigen, die sagen, es sind zu viele, und eine Integration ist sowieso nicht möglich. Natürlich fällt es schwer, den ethnischen und religiösen

Hintergrund der Täter zu vergessen, wenn man weiß, dass es sich nicht um einige vereinzelte Übergriffe gehandelt hat (die gibt es jedes Jahr zu Silvester nach reichlich Alkoholkonsum), sondern dass sie aus einem Mob von rund tausend Männern heraus begangen worden sind. Und diese Männer hatten nun einmal einen ähnlichen kulturell-religiösen Hintergrund.

Man kann das nicht einfach so ausblenden, vor allem dann nicht, wenn man ernsthaft an Prävention und dem Abbau von Integrationshindernissen interessiert ist. Einen Vorfall wie den von Köln kannten Europa und die westliche Welt in dieser Dimension noch nicht. Blickt man auf die arabische Welt, sieht man, dass die kollektive Belästigung von Frauen dort vielfach ein ernstes Problem ist. Jede deutsche Touristin, die schon einmal alleine oder in weiblicher Begleitung in Ägypten, Tunesien oder Marokko war, weiß, dass sie dort solchen Übergriffen ausgesetzt sein kann. Und dass es schwer sein kann, sich gegen Männer, die westliche Frauen per se als unehrenhaft und damit als Freiwild betrachten, zur Wehr zu setzen.

Ich komme aus Ägypten, wo die sexuelle Belästigung von Frauen eine Zeitlang ein unerträgliches Ausmaß erreicht hatte. Weil man dieses Phänomen zu lange ignorierte oder verharmloste. Zum einen, weil man nicht zugeben wollte, dass in einer vermeintlich moralisch-religiösen Gesellschaft sexuelle Belästigung überhaupt vorkommt. Zum anderen, weil man Angst vor den Folgen für den Tourismus hatte, eine der Haupteinnahmequellen des Landes. Wenn überhaupt darüber gesprochen wurde, ging der Tenor eher in die Richtung, die Opfer selbst seien für das Phänomen verantwortlich. Wegen ihrer Art, sich zu kleiden, wegen ihrer Art, sich zu benehmen.

Diese Verlogenheit und die Angst um das eigene Image führten dazu, dass aus vereinzelten Übergriffen eine regelrechte Epidemie wurde. Selbst über 95 Prozent (!) der Ägypterinnen berichteten von alltäglichen Erfahrungen mit sexueller Belästigung und Nötigung. Ausgerechnet an den beiden höchsten religiösen Festen des Islam – dem Opferfest und dem Zuckerfest – waren und sind Frauen kollektiven Belästigungen in Parks und auf öffentlichen Plätzen ausgesetzt.

Während der Demonstrationen auf dem Tahrir-Platz im Rahmen des »arabischen Frühlings« kam es ebenfalls zu massiven sexuellen Übergriffen auf Frauen. Dort wurde jene Taktik »erfunden«, die auch in Köln angewandt wurde: Die Täter bilden zwei geschlossene Kreise. Ist ein potenzielles Opfer ausgespäht, wird es in den ersten Kreis hineingezogen. Dort wird geschubst, gestoßen, die Umstehenden jubeln, lachen und klatschen, um die Schreie des Opfers zu übertönen, das rasch an den zweiten Kreis weitergegeben wird, um es von möglicher Hilfe abzuschneiden. Dort werden die Übergriffe fortgesetzt, die Reihen schließen sich blitzschnell.

Aber hat das nun etwas mit dem Islam zu tun? Ja und nein. Ich war in Ägypten und Marokko selbst Zeuge einiger solcher Fälle von kollektiver Belästigung. Fast ausnahmslos handelte es sich dabei *nicht* um religiöse Jugendliche, sondern um kleine Gruppen, die oft unter Drogen- oder Alkoholeinfluss standen.

Theoretisch ist es einem gläubigen Muslim untersagt, eine fremde Frau anzufassen, sogar wenn es sich dabei um die eigene Verlobte handelt. Stranggläubigen Muslimen ist es sogar untersagt, einer Frau die Hand zu geben. Nicht einmal einen Blick dürfen sie einem fremden weiblichen Wesen hinterherwerfen. Salafisten in Ägypten meinen sogar, ein Mann dürfe sich im Bus nicht auf einen Platz setzen, den zuvor eine Frau eingenommen hatte. Die Wärme ihres Körpers, die auf dem Sitz möglicherweise noch zu spüren sei, könne ihn sexuell erregen.

In der Praxis ist es allerdings so, dass gerade diese strenge Sexualmoral, kombiniert mit einer Geschlechterhierarchie, das Potenzial birgt, sich ins Gegenteil zu verkehren. Eine Religion, die die Frau entweder als Besitz des Mannes oder als eine Gefahr für seine Moral sieht, ist mitverantwortlich. Denn sie zementiert die Geschlechterapartheid. Ein Koran, der die Frau selbst im himmlischen Paradies als Lustobjekt des Mannes sieht, sexualisiert auch die Rolle der Frau im Diesseits. Ein Glaube, der einer Frau vorgibt, dass sie das Haus nur mit der Erlaubnis des Ehemannes oder in Begleitung eines männlichen Verwandten verlassen darf, legitimiert indirekt Gewalt gegen Frauen, die sich an dieses Gebot nicht halten (oder als Touristinnen allein reisen). Und ein Buch, das eine Ungläubige als potenzielle Beute und Sex-Sklavin des muslimischen Eroberers betrachtet, ist Teil des Problems.

Vor vierzig Jahren trug kaum eine Frau in Kairo ein Kopftuch. Sexuelle Belästigung im öffentlichen Raum gab es damals so gut wie nicht. Heute geht kaum eine Frau unverschleiert oder unbedeckt aus dem Haus – und gerade jetzt kann es ihr passieren, dass sie auf offener Straße bedrängt und begrapscht wird. Das gilt für den Iran, für Afghanistan, Pakistan und genauso für die meisten anderen islamischen Länder; selbst im reichen Saudi-Arabien ist das Phänomen weit verbreitet.

Könnte man hier also einen direkten Zusammenhang zwischen Verschleierung und sexueller Belästigung vermuten? Eine schwierige Frage. Ein Stück weit hat dieses Phänomen sicherlich mit dem real existierenden Islam zu tun, aber nicht nur. Denn auch in Indien ist diese Epidemie weit verbreitet. Diese bittere Tatsache sollte aber nicht dazu verleiten, dass man Indien zur Relativierung heranzieht. Es ist kein genuin indisches und auch kein genuin islamisches Phänomen – sondern eines, das in Gesellschaften und Kulturen auftritt, in denen Frauen als minderwertig angesehen werden.

Kapitel 10
Homosexualität im Koran

Der Terroranschlag in Orlando/Florida im Juni 2016, dem mehrere Dutzend Homosexuelle zum Opfer fielen, entfachte eine Debatte über die Feindseligkeit des Islam gegenüber gleichgeschlechtlicher Liebe. Es gab zwar widersprüchliche Angaben über die Motive des Täters, doch da er ein Muslim war und aus Afghanistan stammte, liegt ein kulturell-religiöses Motiv für seine Tat im Bereich des Möglichen. Daran würde sich auch nichts ändern, wenn er selbst homosexuell gewesen wäre, wie einige Medien berichteten. Hier könnten ein starkes Schuldgefühl und der Hass gegen die »Sünde«, die man selbst aktiv oder in Gedanken begangen hat, eine so brutale Tat erst möglich gemacht haben.

Anfang Juli 2016 traf ich in Köln zwei Homosexuelle aus dem muslimischen Kulturkreis, die zwei ganz unterschiedliche Haltungen zum Thema Islam und Sexualität vertreten. Ibrahim ist ein junger Libanese, und obwohl der Libanon im Vergleich zu anderen arabischen Staaten viel liberaler im Umgang mit Homosexualität ist, wurde Ibrahim in der Kleinstadt, in der er aufgewachsen ist, immer wieder wegen seiner sexuellen Orientierung belästigt, bedrängt und bespuckt. Der bittere Höhepunkt: Eine Gruppe Salafisten nahm ihn gefangen und stürzte ihn vom Dach eines hohen Hauses. Ibrahim überlebte mit schweren inneren Verletzungen und Knochenbrüchen. Nach diesem Vorfall floh er nach Deutschland und beantragte hier Asyl. Ich traf ihn am Rande einer Gay-Pride-Veranstaltung und fragte ihn, wie seine

Familie zu ihm stünde und welches Verhältnis er nun zum Islam habe. Ibrahim erzählte mir, dass er kein Muslim mehr sei: Denn wie könne er einem Glauben anhängen, der seine Existenzberechtigung in Frage stelle? »Wie kann ich eine Religion als die meine annehmen, die mich töten will für das, was ich bin?« Auch zu seiner Familie habe er keinen Kontakt mehr; sie habe ihn wegen seiner sexuellen Orientierung verstoßen und sei von dieser harten Haltung auch nach dem Mordversuch nicht abgerückt. »Eine eigene Familie habe ich nicht mehr. Das hier ist jetzt meine Familie. Das sind die ersten Menschen in meinem Leben, die mich so akzeptierten und lieben wie ich bin«, sagte Ibrahim und deutete mit der Hand auf die vielen Schwulen und Lesben, die mit ihm bei der Pride-Parade mitgelaufen waren.

Bei der gleichen Veranstaltung traf ich Faizal, einen Imam aus Pakistan, der in Mauritius gelebt hatte, bevor er nach Deutschland kam. Ein schwuler Imam? Ja, auch das gibt es. Faizal wusste schon früh um seine Homosexualität, er fügte sich aber in das, was seine Gemeinde und seine Geschäftspartner von ihm erwarteten. Er heiratete und bekam Kinder. Vielen Schwulen und Lesben in der islamischen Welt ergeht es ähnlich, häufig führen sie bis zu ihrem Tod ein Doppelleben. Faizal konnte und wollte sich allerdings irgendwann nicht mehr verstellen. Als seine Frau erfuhr, dass er Männer liebt, verständigte sie die ganze Familie und die Nachbarschaft. Die pakistanische Community in seiner Stadt auf Mauritius, die ihn jahrelang als Person und Imam hoch geschätzt hatte, änderte ihre Haltung gegenüber Faizal von einer Minute auf die nächste. Nach der unfreiwilligen Offenbarung schlug ihm Feindseligkeit und Ablehnung entgegen. Er wurde gemobbt und bedroht, verlor seinen Job als Imam und sein Geschäft. Seine Kinder durfte er nicht mehr

sehen. Als er erfuhr, dass die Familie plante, ihn umzubringen, verließ er das Land.
Als ich ihn fragte, wie er immer noch ein gläubiger Muslim sein kann, obwohl im klassisch-konservativen Islam für einen wie ihn der Tod vorgesehen ist, antwortete er: »Das ist nicht *der* Islam, sondern nur eine Auslegung des Islam. Zwar verurteilt der Koran die Homosexuellen von Sodom, aber nicht, weil sie homosexuell sind, sondern weil sie andere Sünden begangen haben.« Faizal ist der Meinung, dass nicht der Koran für die aggressive Haltung gegenüber Homosexuellen in weiten Teilen der islamischen Welt verantwortlich gemacht werden sollte, sondern die dort herrschende Kultur des Patriarchats und des Machismo. »Die Aussagen des Korans werden zurechtgebogen, um dem Männlichkeitswahn dienlich zu sein.«
Während unseres Gesprächs trug Faizal eine Maske, denn auch in Deutschland wird er von manchen Muslimen angefeindet. Da unser Gespräch für eine TV-Sendung aufgezeichnet wurde, wollte er sein Gesicht nicht offen zeigen, damit niemand ihn nach der Ausstrahlung der Sendung auf der Straße erkannte. Seine Sorge war nicht unberechtigt: Nach seiner Flucht war er in seiner Unterkunft von anderen Flüchtlingen nicht nur geschlagen, sondern sogar sexuell belästigt worden. Von Männern, die Homosexualität zutiefst verabscheuen. Diese Belästigungen waren nicht aus Lust oder Triebbefriedigung geschehen, sondern dienten einzig der Erniedrigung und Einschüchterung.
Während Faizal in Deutschland dennoch vergleichsweise sicher ist, werden Homosexuelle fast überall in der islamischen Welt schikaniert und bedroht. In zehn muslimischen Ländern geht das Gesetz aktiv gegen sie vor. Im Iran, in Saudi-Arabien, im Sudan und in Mauretanien droht ihnen

die Todesstrafe. In anderen Staaten müssen sie mit Gefängnisstrafen rechnen. Und da, wo die Hand des Gesetzes nicht greift, sind Homosexuelle der Selbstjustiz von Fanatikern oder der Machos ausgeliefert, wie die Fälle von Ibrahim und Faizal zeigen.

Die Erzählung von Sodom und Gomorra

Aber wer von den beiden Männern hat nun eigentlich recht in Bezug auf die Haltung des Islam zu Homosexuellen? Im Grunde haben beide recht. Im Koran selbst finden sich in der Tat keine expliziten Belege, dass Homosexualität als abnormes Verhalten bestraft werden müsste. Nicht einmal das Wort »Homosexuelle« steht im Koran zu lesen. Was wir dort finden, ist lediglich jene aus dem Alten Testament bekannte Geschichte von Sodom und Gomorra. Sie wird gleich mehrmals im Koran erwähnt, mal detailliert, mal nur als kurze Mahnung. Nach jener Erzählung wird das Volk Lots für sein unmoralisches Verhalten verflucht und bestraft. Zu diesem ausschweifenden Verhalten gehört unter anderem, dass Männer andere Männer sexuell begehren:

> »Und Lot (entsandten wir), da er zu seinem Volke sprach: ›Wollt ihr Schandbarkeiten begehen, wie keins der Geschöpfe sie zuvor beging? Wahrlich, ihr kommt zu den Männern im Gelüst anstatt zu den Frauen! Ja, ihr seid ein ausschweifendes Volk!‹ Und die Antwort seines Volkes war keine andre, als dass sie sprachen: ›Treibet sie hinaus aus eurer Stadt, siehe, sie sind Leute, die sich rein stellen.‹ Und wir erretteten ihn und seine Familie außer sei-

ner Frau, die sich versäumte. Und wir ließen einen Regen auf sie regnen. Und so schau, wie das Ende der Sünder war.« (Sure 7:80-84)

Interessant ist hier die Frage Lots: »Wollt ihr Schandbarkeiten begehen, wie keins der Geschöpfe sie zuvor beging?« Welcher Art könnten diese »Schandbarkeiten« sein, die kein Mensch vor dem Volke Lots je begangen hat? Um Homosexualität kann es sich hier eigentlich nicht handeln, denn Schwule und Lesben hat es immer gegeben, und zwar zu allen Zeiten und in allen Kulturen. Die islamische Geschichte ist da keine Ausnahme. Ob an den Höfen der Kalifen oder in Erzählungen und Gedichten, nirgendwo ist auch nur ein Hauch von Tabuisierung zu finden. Selbst in der mystischen Sufi-Poesie sind klare Spuren von Homoerotik zu finden. Viele gläubige Muslime können heute zumindest akzeptieren, dass ein Mann homosexuell ist, solange er nicht zur eigenen Familie gehört und solange er seine Vorlieben nicht öffentlich macht.

Welcher Natur sollen diese Schandbarkeiten aber dann gewesen sein? An einer anderen Stelle im Koran werden mehr Details verraten: Genau wie in der Bibel bekommt Lot Besuch von Engeln, die von Gott gesandt wurden und in der Gestalt von Männern erscheinen. Nachdem Lot die Männer als Gäste aufgenommen hat, versammelt sich vor der Tür seines Hauses ein lüsterner Mob, der Einlass begehrt, um sich mit Lots Gästen zu vergnügen. Um die Engel zu schützen und um das heilige Gebot der Gastfreundschaft nicht zu verletzen, bietet Lot an, der Mob solle sich stattdessen mit seinen jungfräulichen Töchtern vergnügen. Doch die Männer vor der Tür lehnen ab. Daraufhin erhält Lot den Befehl von Gott, das Dorf zu verlassen und sich und die Seinen zu retten. Anschließend werden die Sündigen vernichtet. Hier nun die Geschichte im koranischen Wortlaut:

»Und als die Boten zum Hause Lots kamen, sprach er: ›Siehe, ihr seid fremde Leute.‹ Sie sprachen: ›Nein; wir kommen zu dir in dem, was sie bezweifeln. Und wir bringen dir die Wahrheit, und wahrlich, wir sind wahrhaft. So mache dich fort mit deiner Familie im Stockdunkel der Nacht und geh hinterdrein. Und niemand von euch wende sich um, sondern gehet, wohin ihr geheißen seid.‹ Und wir gaben ihm diesen Befehl, weil jene mit Stumpf und Stiel abgeschnitten werden sollten am Morgen. Und es kam das Volk der Stadt frohlockend an. Er sprach: ›Siehe, dies sind meine Gäste; drum entehret mich nicht; und fürchtet Allah und tut mir nicht Schande an.‹ Sie sprachen: ›Haben wir dir nicht alle Welt verboten?‹ Er sprach: ›Fürwahr, hier sind meine Töchter, so ihr es tun wollt.‹ Bei deinem Leben, siehe wahrlich, in ihrer Trunkenheit gingen sie irre! Und da kam über sie der Schrei am Sonnenaufgang, und wir kehrten ihr Oberstes zuunterst und ließen auf sie gebrannte Steine niederregnen.« (Sure 15:61-74)

Im Talmud wie auch in den Evangelien nach Matthäus und Markus symbolisiert diese Geschichte vor allem einen Bruch der Gastfreundschaft; eine Lesart, die auch der Koran ermöglichen würde: »Entehret mich nicht, dies sind meine Gäste.« Inwieweit die geplanten Übergriffe der Sodomiter tatsächlich sexueller Natur gewesen sein sollen, darüber herrscht auch in verschiedenen Bibelübersetzungen Unklarheit. Bei Luther heißt es etwa: Die Männer hätten sich über die Engel »hermachen wollen«. Dazu passt die koranische Erzählung in Sure 29, nach welcher der zügellose Mob in den Straßen Passanten auflauerte und diese ausraubte. Dies sei einer der Gründe gewesen, warum Allah sie schließlich vernichtete:

> »Und Lot (entsandten wir), da er zu seinem Volke sprach: ›Siehe, ihr begeht Schandbares, in dem euch niemand von aller Welt zuvorkam. Ist's, dass ihr euch Männern naht und auf dem Wege lauert und in eurer Versammlung Abscheuliches treibt?‹ Und die Antwort seines Volkes war nichts anders, als dass sie sprachen: ›Bring uns Allahs Strafe, so du wahrhaftig bist.‹ Er sprach: ›Mein Herr, hilf mir wider das Volk der Verderbensstifter.‹« (Sure 29:28-30)

Es scheint also ein Zusammenwirken verschiedener »schändlicher« Taten gewesen zu sein, weshalb Gott die Bewohner von Sodom strafte. So gibt es denn im Anschluss an diese Erzählung auch kein Gebot, nach dem Muslime mit Gewalt gegen Menschen vorgehen sollten, die Menschen ihres Geschlechts sexuell begehren.

Allah hasst die Sünde und den Sünder

Woher kommt nun aber die Praxis, dass Homosexuelle in manchen islamischen Staaten getötet oder ins Gefängnis gesteckt werden? Warum werden sie vom IS und von anderen islamistischen Gruppen an den Händen gefesselt und mit verbundenen Augen von einem hohen Gebäude in den Tod gestürzt?

Wie ich bereits erwähnte, gibt es auch in der Bibel einen latent aggressiven Ton gegen die »Sodomiten«; in den meisten Übersetzungen dient Sodom als Metapher für die Ausgrenzung und Ablehnung von Fremden. Nur in wenigen wird die Stadt eins zu eins mit Wollust und »Laster wider die Natur« gleichgesetzt. Und selbst nach diesen Auslegungen wird keineswegs die Forderung erhoben – genauso wenig wie im Koran –, Gläubige sollten Homosexuelle töten. Warum das in vielen islamischen Staaten dennoch zum Gesetz wurde, hat verschiedene Gründe: Für den überwiegenden Teil der Christen ist die Bibel nicht das direkte Wort Gottes, das unveränderlich offenbart wurde und auch im Alltag Gesetz ist. Nur eine Minderheit von wenigen Fundamentalisten sieht das anders. Bibel-Exegeten gingen mit dem Text also als menschlichem Text um, in den die Emotionen, die Erfahrungen, der Zeitgeist und auch die Imagination der Schreiber/der Verfasser mit eingeflossen sind. Demnach spricht in der biblischen Erzählung nicht Gott selbst, sondern derjenige, der eine Erzählung niederschrieb, projizierte das, was er gesehen oder gehört hatte, auf Gott. Er fügte unterschiedliche Puzzleteile zusammen und konstruiert so eine Geschichte. Sünde + Naturkatastrophe: Das muss die Strafe Gottes sein!

Genau wie die Bibel über einen langen Zeitraum entstanden ist, immer wieder modifiziert, gekürzt oder um neue Geschichten erweitert wurde, durchlief ihre Auslegung verschiedene Phasen, bis hin zur Reformation. Eine solche Erneuerung, getragen vom Geist des Humanismus, hat es im Islam nie gegeben. Selbstverständlich gibt es viele gewaltverherrlichende Passagen in der Bibel, aber selbst in ihnen findet sich kein Aufruf an die Gläubigen, sich wie Jehova zu verhalten und die Ungläubigen zu töten. Außerdem werden die Gewaltpassagen und Gesetze des Alten Testaments durch das Neue Testament relativiert. Wenn Jesus sagt: »Wer von

euch ohne Sünde ist, der werfe den ersten Stein«, bereitet er damit der alttestamentarischen Tradition von Körperstrafen gegen Sünder ein Ende.
Da der Koran aber für jeden gläubigen Muslim das direkte Wort Gottes ist und da der Mensch als Stellvertreter Gottes auf Erden fungiert, werden Koranpassagen anders gelesen und umgesetzt, als biblische. Im Koran spricht Allah zu den Muslimen und verlangt von ihnen, das Gute zu tun und das Verwerfliche zu verbieten:

> »Ihr seid die beste Gemeinde, die für die Menschen erstand. Ihr heißet, was rechtens ist, und ihr verbietet das Unrechte und glaubet an Allah.« (Sure 3:110)

Wenn Allah also die Ungläubigen und die Sünder hasst und diese vernichtet, müssen die Gläubigen das Gleiche tun.
Hinzu kommt: Ein Neues Testament oder eine Figur wie Jesus hat es im Islam nie gegeben. Es gibt nur den Propheten als Vorbild und seine zahllosen Aussagen über alle Details des Lebens. Die Hadithe, die außerkoranischen Äußerungen Mohameds, gelten als wichtigste Quelle bei der Deutung von vagen Stellen im Koran. Eine berühmte Aussage des Propheten ermächtigt Muslime, den Sünder nicht nur der Justiz zu überlassen, sondern die Sünde aktiv zu bekämpfen:

> »Wer von euch etwas Übles sieht, soll es mit eigener Hand ändern, und wenn er dies nicht vermag, so soll er es mit seiner Zunge verändern, und wenn er dies nicht kann, dann mit seinem Herzen, und dies ist die schwächste Form des Glaubens.«[28]

Das heißt, der stärkste Glaube wird darin offenbar, dass der Gläubige mit allem, was ihm zur Verfügung steht, Unrecht bekämpft und unterbindet. Was mich zurück zum Anschlag von Orlando bringt. Natürlich gibt es in jeder Kultur, in jedem Land durchgeknallte Individuen, die fähig sind, einen Gewaltexzess zu begehen. Nach allem, was wir bislang wissen, war der Täter aber entweder ein gläubiger Muslim, der die Ungläubigen als unrein und Homosexualität als eine Sünde betrachtete, oder er selbst fühlte sich als Sünder, der sich durch seine Tat von der Sünde reinigen wollte und diejenigen, die ihn dazu verführt hatten, mit dem Tod bestrafen wollte.

Eine Frage der Auslegung – mit tödlichen Folgen

Aus dem Koran selbst kann ein Täter wie dieser keine Legitimation für sein Handeln ziehen. Doch wie sieht es mit den Hadithen aus? Tatsächlich gibt es eine Aussage des Propheten, die in drei anerkannten Hadith-Sammlungen zu finden ist und die man entsprechend interpretieren könnte: »Wenn ihr einen findet, der das begeht, was das Volk Lots begangen hat, so tötet den Aktiven und den Passiven!«[29]
Aber auch hier bleibt das Vergehen des Volkes von Lot im Vagen. Vergewaltigung? Plünderung? Bruch der Gastfreundschaft? Homosexuelles Begehren? Alles ist möglich, nichts klar benannt. Dennoch werden diese Hadithe herangezogen, um zu belegen, dass Homosexualität Sünde ist und Homosexuelle Vernichtung verdienen. Die angeblich unmissverständlichen Aussagen des Propheten führten fatalerweise dazu, dass die ersten und wichtigsten Rechtsschulen des

Islam den Tod als Strafe für Homosexuelle vorsahen. Für Imam Ahmad Ibn Hanbal (* 780 in Bagdad, † 855 ebenda; er begründete die Rechtsschule der Hanbaliten und trat für eine wortwörtliche Auslegung des Korans ein), Imam Mālik ibn Anas (* um 715 in Medina, † 795 ebenda) und den sonst eher gemäßigten Imam Muhammad ibn Idris asch-Schāfi'i (* 767 in Palästina, † 820 in Fustāt; er gilt als eigentlicher Begründer der islamischen Rechtstheorie) war ein Homosexueller gleichbedeutend mit einem Ehebrecher und sollte zu Tode gesteinigt werden. Gelehrte wie Sayyid Abu Al-A'la Maududi (* 1903 im indischen Aurangabad, † 1979 in Buffalo/New York), der sonst als einer der Vordenker des modernen Islam gilt, sieht dagegen weder im Koran noch in den Hadithen eine ausreichende Grundlage für die Tötung von Homosexuellen gegeben.

Es bleibt also, wie bei vielen anderen Angelegenheiten, eine Interpretationssache. Mit schlimmstenfalls tödlichen Folgen für Menschen mit einer anderen sexuellen Orientierung. In Teilen der islamischen Welt und in muslimischen Communities im Westen müssen Homosexuelle um ihr Leben fürchten, weil es immer noch Menschen gibt, die im 21. Jahrhundert meinen, andere töten zu dürfen, weil Gott diese anderen angeblich hasst. Auch in nichtmuslimischen Gesellschaften gibt es Repressalien gegen Homosexuelle, aber nirgendwo sonst werden diese als Teil einer heiligen Mission dargestellt (mit Ausnahme von Uganda). Das liegt auch daran, dass man die muslimische Haltung zu Homosexualität nicht trennen kann vom Konzept von Sünde und Strafe und von der Haltung des Islam zu Ungläubigen generell. Die Unantastbarkeit des Korans und des Propheten sowie die Stellung als Stellvertreter Gottes führt zur Selbstermächtigung des Einzelnen, den Richter von Gottes Gnaden zu spielen.

In unserer sich immer schneller verändernden Welt gibt es Identitäts- und Loyalitätskonflikte. Viele junge Muslime schaffen es, eine Balance zu finden; sie betrachten ihren Glauben als einen Teil ihrer Persönlichkeit, neben vielen anderen Anteilen. Sie erwarten Toleranz und begegnen anderen mit Toleranz. Doch manchen gelingt dies nicht. Die Gründe dafür sind vielfältig, oft ist persönlicher Frust Ausgangspunkt für eine schleichende Radikalisierung. Selbstverständlich kann man den Koran nicht für alles verantwortlich machen. Allerdings wird er häufig als Brandbeschleuniger missbraucht. Von jenen, die an einer Abschaffung der liberalen, offenen Welt arbeiten, und von jenen, die sich von diesen radikalen Gruppen Halt und einfache Lösungen erhoffen.

Die letzten Anschläge von Paris, Orlando, Nizza, Ansbach und Würzburg zeigen, dass der Übergang von Frustration zu Hass und in einem nächsten Schritt zu aktiver Gewalt immer durchlässiger wird. Umso mehr ist eine ehrliche Debatte über die Quellen dieses Hasses notwendig. Fundamentalismus und Intoleranz sind nicht eine Folge der Fehlinterpretation des Korans oder der Hadithe, sondern eine Folge ihrer Überhöhung. Eine fruchtbare Auseinandersetzung kann nur gelingen, wenn man – wie ich eingangs bereits gefordert habe – die Quellen vermenschlicht. Wenn sie vom Sockel der Unantastbarkeit heruntergeholt werden, wie das letztlich schon einmal geschehen ist: Nicht Gott oder sein Gesandter hat vorgegeben, welche Suren am Ende Gültigkeit vor anderen zu besitzen haben, sondern der Mensch (in diesem Fall die Exegeten). Insofern könnte man sagen, es liegt an ihm, dem Menschen, ob der Koran als Botschaft der Liebe wahrgenommen wird oder als Botschaft des Hasses.

Kapitel 11
Was vom Koran übrig bleibt

Eine berühmte Aussage des vierten Kalifen zeigt, warum die Koranexegese ein so schwieriges Unterfangen ist: »Der Koran hat mehrere Gesichter«, sagte Ali Ibn Abi Talib, Schwiegersohn von Mohamed und vierter Kalif des Islam. Die Sufis sprechen von den »unterschiedlichen Stufen« des Korans. Jeder Mensch kann – je nach Wissen, Glaube und Anliegen – das finden, was er im Koran finden möchte. Wer Gesetzgebung und Regeln für den Alltag haben will, bekommt sie. Wer spirituelle Kraft und eine mystische Dimension sucht, findet dies im Koran. Auch wer nach allgemeinen ethischen Grundsätzen sucht, wird fündig werden: Gerechtigkeit, Gleichheit aller Menschen vor Gott, Achtung vor dem Gesetz, Bewahrung der Schöpfung, Ehrlichkeit und Aufrichtigkeit selbst im Umgang mit Nicht-Muslimen. Solidarität mit den Armen und Schwachen gehören ebenfalls zu den im Koran verankerten ethischen Prinzipien. Selbst den Wert des Wissens und der Bildung kann man aus ihm herleiten.

Universelle Prinzipien, Sozialethik und Solidarität

Der Koran widmet sich in vielen Passagen Regeln, die die Grundlage für eine funktionierende Gemeinschaft bilden. Die am häufigsten wiederkehrenden Prinzipien sind dabei

Gerechtigkeit, Ehrlichkeit und Güte gegenüber den Armen. Sehen wir uns einige der entsprechenden Verse genauer an:

> »Siehe, Allah gebietet Gerechtigkeit zu üben, Gutes zu tun und die Verwandten zu beschenken, und verbietet das Schändliche und Schlechte und Gewalttat. Er ermahnt euch, auf dass ihr es (euch) zu Herzen nehmet.« (Sure 16:90)

Die Maßgabe, Gerechtigkeit walten zu lassen, gilt sogar dann, wenn es sich um eine Angelegenheit zwischen Muslimen und Andersgläubigen oder verfeindeten Stämmen handelt. Zwei Beispiele dazu aus Sure 5:

> »Und nicht verführe euch der Hass gegen Leute, die euch von der heiligen Moschee abhalten wollen, zur Übertretung; helfet einander zur Rechtschaffenheit und Gottesfurcht und helfet einander nicht zur Sünde und Feindschaft.« (Sure 5:3)

> »O ihr, die ihr glaubt, steht fest in Gerechtigkeit, wenn ihr vor Allah Zeugen seid, und nicht verführe euch Hass gegen Leute zur Ungerechtigkeit. Seid gerecht, das ist näher der Gottesfurcht. Und fürchtet Allah; siehe, Allah kennt euer Tun.« (Sure 5:8)

Ein Gläubiger soll sich auch in Geschäftsdingen nicht zu Ungerechtigkeiten hinreißen lassen. Hier dürfte einmal mehr Mohameds Biographie eine Rolle gespielt haben. Schließlich war er nach der Heirat mit der reichen Karawanenbesitzerin Khadidscha selbst im Handelswesen tätig:

> »Siehe, Allah gebietet euch, wiederzugeben die Unterpfänder ihren Besitzern, und so ihr unter den Leuten richtet, in Billigkeit zu richten. Siehe, Allah – wie herrlich ist das, wozu er euch mahnt! Siehe, Allah hört und sieht.« (Sure 4:58)

In Sure 5, Vers 1 werden die Gläubigen dazu angehalten, sich an geschlossene Verträge zu halten. Und in Sure 26 heißt es:

> »Gebt rechtes Maß und vermindert es nicht. Und wäget mit richtiger Waage und betrügt nicht die Leute um ihr Gut und tuet nicht übel auf der Erde durch Verderbenstiften.« (Sure 26:181-182)

Vor Gericht haben Muslime die Wahrheit zu sagen, auch wenn durch ihre Aussage die eigenen Eltern und Verwandten Schaden nehmen könnten:

> »O ihr, die ihr glaubt, bleibt fest in der Gerechtigkeit, so ihr Zeugnis ablegt zu Gott, und sei es auch wider euch selber oder eure Eltern und Verwandten, handle es sich um Arm oder Reich, denn Allah steht näher als beide. Und folget nicht der Leidenschaft, dass ihr abweichet (vom Recht). Ob ihr euch auch hin- und herwendet und abkehret, siehe, Allah weiß, was ihr tut.« (Sure 4:135)

Eine Falschaussage gilt als Sünde:

> »Und wer ein Vergehen oder eine Sünde begeht und sie auf einen Unschuldigen legt, der beladet sich mit Verleumdung und offenbarer Sünde.« (Sure 4:112)

Den Armen und Waisen gegenüber Güte walten zu lassen, ist eines der festen Gebote im Koran. Allein 80-mal wird das Gebot der Armenspeisung bzw. das Geben von Almosen erwähnt, davon 29-mal verknüpft mit dem Gebot des Betens. Hier ein Beispiel:

> »Nicht besteht die Frömmigkeit darin, dass ihr eure Angesichter gen Westen oder Osten kehret; vielmehr ist fromm, wer da glaubt an Allah und den Jüngsten Tag und die Engel und die Schrift und die Propheten, und wer sein Geld aus Liebe zu Ihm ausgibt für seine Angehörigen und die Waisen und die Armen und den Sohn des Weges und die Bettler und die Gefangenen; und wer das Gebet verrichtet und die Armensteuer zahlt; und die, welche ihre Verpflichtungen halten, wenn sie sich verpflichtet haben, und standhaft sind in Unglück, Not und Drangsalszeit; sie sind's, die da lauter sind, und sie, sie sind die Gottesfürchtigen.« (Sure 2:177)

Interessant ist hier, dass die Gläubigen nicht nur für muslimische Arme spenden sollen, sondern dass auch Fremde und Gefangene in den Genuss dieser Wohltat kommen sollen. Ein Prinzip, das durch weitere Koranverse untermauert wird:

> »Und die mit Speise, aus Liebe zu Ihm, den Armen und die Waise und den Gefangenen speisen. ›Siehe, wir speisen euch nur um Allahs willen; wir begehren keinen Lohn von euch noch Dank.‹« (Sure 76:8-9)

Da Mohamed selbst Waise war, gibt es zahlreiche Passagen, die die Gläubigen anhalten, die Waisen zu versorgen und ihre Rechte nicht zu beschneiden. Hier zwei Beispiele:

> »Und kommt nicht dem Gut der Waise zu nahe, außer um es zu mehren, bis sie herangewachsen; und gebet Maß und Waage in Gerechtigkeit. Wir beladen keine Seele über Vermögen. Und im Spruch seid gerecht, wäre es auch gegen einen Anverwandten, und haltet den Bund Allahs. Solches gebot er euch, damit ihr es zu Herzen nähmet.« (Sure 6:152)

> »Und gebet den Waisen ihr Gut und tauschet nicht (euer) Schlechtes mit (ihrem) Gutem ein und verzehrt nicht ihr Gut zu dem eurigen hinzu; siehe, das ist ein großes Verbrechen.« (Sure 4:2)

Damit man überhaupt etwas geben kann, heißt es eine ordentliche Arbeitsmoral zu haben. Im Koran steht dazu:

> »Und sprich: ›Wirket!‹ Und wahrlich, schauen wird Allah euer Werk und sein Gesandter und die Gläubigen.« (Sure 9:105)

> »Und wer auch nur Gutes im Gewicht eines Stäubchens getan, wird es sehen.« (Sure 99:7)

Wirken soll der Gläubige in einer Art und Weise, die der Schöpfung nicht schadet. Denn:

> »Und stiftet nicht Verderben auf Erden an, nachdem sie in Ordnung gebracht ward.« (Sure 7:56)

Das Streben nach Wissen

Abgesehen von diesem »Aufruf zum Umweltschutz« nimmt der Koran die Schöpfung zum Anlass, die Gläubigen zum Forschen zu ermuntern:

> »Sprich: ›Wandert durch die Erde und schauet, wie die Schöpfung begonnen hatte.‹« (Sure 29:20)

Sich über die Schöpfung Gedanken zu machen ist sogar Teil des Gebets. Wahre Gläubige werden als Menschen beschrieben,

> »die da Allahs gedenken im Stehen und Sitzen und (Liegen) auf ihren Seiten und nachdenken über die Schöpfung der Himmel und der Erde (und sprechen:) ›Unser Herr, nicht umsonst hast du dieses erschaffen.‹« (Sure 3:191)

Menschen mit Wissen und solche, die die Natur erforschen, gelten im Koran als gottesfürchtig:

> »Siehst du nicht, dass Allah vom Himmel Wasser herniedersendet? Und mit ihm holen wir Früchte von mannigfacher Farbe heraus. Und in den Bergen finden sich weiße und rote Züge, bunt an Farbe, und rabenschwarze; und Menschen, Tiere und Vieh von bunter Farbe. Und darum fürchten Allah von seinen Dienern nur die Wissenden.« (Sure 35:27)

Wie passt das zusammen mit der weit verbreiteten Auffassung, der Koran verhindere kritisches Denken?

Nun, der Koran verlangt von Muslimen tatsächlich, ihr Gehirn einzuschalten, nachzudenken und nachzuforschen. An einer Stelle etwa heißt es:

> »Und sprich: ›Mein Herr, mehre mich an Wissen.‹« (Sure 20:114)

Dass es sich dabei nicht nur um religiöses Wissen handelt, das belegen zwei Aussagen Mohameds:

> »Das Verlangen nach Wissen ist eine Pflicht für jeden Gläubigen.«

In einer Variante dieses Hadiths sagt er:

> »Verlangt nach Wissen, selbst in China.«[30]

Da es in China zu diesem Zeitpunkt keinen Islam gab, gehen die Exegeten davon aus, dass hier weltliches Wissen gemeint ist.
Über 50-mal fordert der Koran Muslime zum Nachdenken auf, auch über den Koran selbst. Er benutzt dafür drei unterschiedliche Verben: *yatafakkarun* (denken, nachdenken), *yaa'kilun* (Gehirn einschalten, verstehen) und *yatadabbarun* (sich vergewissern):

> »Hätten wir diesen Koran auf einen Berg herabgesandt, du hättest ihn sich erniedrigen und aus Furcht vor Allah sich spalten sehen. Diese Gleichnisse stellen wir für die Menschen auf, auf dass sie nachdenklich werden.« (Sure 59:21)

In Sure 4:82 werden die Menschen angehalten, den Koran durch ihre Vernunft zu studieren und sich darüber Gedanken zu machen:

> »Wollt ihr den Leuten Frömmigkeit gebieten und euch selbst vergessen, wo ihr doch die Schrift leset? Wollt ihr denn nicht verstehen?« (Sure 2: 44)

»Wollt ihr denn nicht verstehen?«
Genau das war mein Anliegen, als ich begann, dieses Buch zu schreiben. Ich wollte mein Gehirn einschalten und den Koran studieren, um dieses Werk zu verstehen. Es mag einen Laien überraschen, dass in vielen allgemeinen Passagen des Korans das Denken eine Tugend ist. (An einigen Stellen, die dem widersprechen, wollte Mohamed offenbar verhindern, dass seine Anhänger ihm unangenehme Fragen stellen.) Und nicht nur das: Selbst das Hinterfragen Gottes ist erlaubt und wird sogar gefordert.
Der Koran erzählt an dieser Stelle erneut von Abraham, der nicht länger der Tradition seines Volkes folgte, sondern mit all seinen Sinnen und seinem Verstand nach seinem eigenen Gott suchte:

> »Und ebenso zeigten wir Abraham das Königreich der Himmel und der Erde, damit er zu den Festen im Glauben gehöre. Und da die Nacht ihn überschattete, sah er einen Stern. Er sprach: ›Das ist mein Herr.‹ Als er aber unterging, sprach er: ›Nicht liebe ich, was untergeht.‹ Und als er den Mond aufgehen sah, sprach er: ›Das ist mein Herr.‹« (Sure 6:75-77)

Abraham wurde für das Beschreiten seines eigenen Weges von seinem Volk bestraft und ins Feuer geworfen, das Gott umgehend erkalten ließ. Das dürfte für Abraham der wichtigste Beleg gewesen sein, dass Gott da war. Dennoch geriet er ins Zweifeln. Er durfte diese Zweifel Gott gegenüber nicht nur zum Ausdruck bringen, sondern den Allmächtigen sogar testen. Abraham wollte wissen, wie Gott die Toten wiedererweckt. Der Herr befahl ihm, vier Vögel zu zerstückeln, ihre Überreste zu verteilen und die Vögel anschließend zu rufen:

> »Und als Abraham sprach: ›Mein Herr, zeig mir, wie du die Toten lebendig machst‹, sprach er: ›Glaubst du etwa noch nicht?‹ Er sprach: ›Ja; doch möchte mein Herz sicher sein.‹ Er sprach: ›So nimm vier Vögel und ziehe sie zu dir. Alsdann lege auf jeden Berg ein Stück von ihnen; dann rufe sie, und sie werden eilends zu dir kommen. Und wisse, dass Allah mächtig und weise ist.‹« (Sure 2:260)

Abraham hatte also die Religion seiner Vorfahren abgelegt und Gott nach langer Suche gefunden. Er wusste um dessen Allmacht – und wollte sich dennoch immer wieder vergewissern. Hier klingen Ansätze des Individualismus und kritischen Denkens durch, die heute leider nur selten in der islamischen Welt in Bezug auf Glauben zu finden sind. Manche Fundamentalisten überspringen dabei gleich die »abrahamitische Phase« – sie machen sich gar nicht erst die Mühe, ihr Gehirn einzuschalten und zu hinterfragen. Wer sich dagegenwendet, wird im schlimmsten Fall mit dem Tode bestraft. Würden sie sich die Mühe machen, den Zweifler anzuhören, könnten sie immer noch eines entgegnen: Forsche und denke und zweifle – all das ist im Koran erlaubt. Doch Erkenntnis verläuft in gewisser Weise kreisförmig. Am Anfang steht die Urheberschaft Allahs für die Schöpfung, für die Entsendung des Propheten und für die des Korans. Forsche und du wirst erkennen, dass dies auch am Ende steht.

Spiritualität im Koran

Es gibt im Koran zahlreiche spirituelle Passagen, die poetisch, melodisch und sehr emotional sind. Wenn sie laut und in einer angenehmen Stimmlage vorgetragen werden, können sie den Zuhörer wirklich in andere Sphären bringen. Genau diese Emotionalität und Sprachgewalt machen den Koran aus, nicht allein seine Inhalte. Hier zwei Beispiele:

> »Er ist Allah, außer dem es keinen Gott gibt; er kennt das Verborgene und das Sichtbare. Er ist der Erbarmer, der Barmherzige. Er ist Allah, außer dem es keinen Gott gibt; der König, der Heilige, der Friedenstifter, der Getreue, der Beschützer, der Mächtige, der Starke, der Hocherhabene. Preis sei Allah, (der erhaben ist) ob dem, was sie ihm beigesellen. Er ist Allah, der Schöpfer, der Erschaffer, der Bildner. Sein sind die schönsten Namen. Ihn preiset, was in den Himmeln und auf Erden ist, denn er ist der Mächtige, der Weise.« Sure 59:22-23)

> »Allah ist das Licht der Himmel und der Erde. Sein Licht ist gleich einer Nische, in der sich eine Lampe befindet; die Lampe ist in einem Glase, und das Glas gleich einem

> flimmernden Stern. Es wird angezündet von einem gesegneten Baum, einem Ölbaum, weder vom Osten noch vom Westen, dessen Öl fast leuchtete, auch wenn es kein Feuer berührte – Licht über Licht! Allah leitet zu seinem Licht, wen er will, und Allah macht Gleichnisse für die Menschen, und Allah kennt alle Dinge.« (Sure 24:35)

Mein Vater war ein Imam in einer kleinen Stadt am Nil. Er hatte eine sehr schöne Stimme. Während des Gebets hat er diese beiden Passagen sehr oft laut gesungen. Manche Gläubige begannen bei diesen Stellen zu weinen. Auch mich haben sie mehr als einmal tief berührt. Es sind sehnsuchtsgeladene Passagen, geschrieben von einem Menschen, der nach der Wahrheit, Gerechtigkeit und Vollkommenheit suchte. Ich habe mir damals immer vorgestellt, wie Mohamed verzweifelt in jener Höhle saß und sie vortrug. Es steht außer Frage, dass der Prophet eine sehr poetische und emotionale Seite hatte, die sich von seiner kriegerischen und unversöhnlichen deutlich unterschied.

Bis heute ist es auch dieser Aspekt, der weit über den inhaltlichen hinausgeht, dass Muslime so eine emotionale Bindung zum Koran haben. Die kann man ihnen nicht nehmen, egal, wie viel Kritik man an seinem Inhalt üben mag.

So, wie der Koran mehrere Seiten hat, hat auch jeder von uns diese verschiedenen Seiten. Man ist wütend, man ist ungerecht, man kommt zu sich, sucht nach Vergebung und Ausgleich. Wenn wir den Koran als ein menschliches Werk verstehen, mit allem, was zu einem Menschen gehört, kann man die gewaltbejahenden Seiten neutralisieren und die spirituellen Passagen betonen, die die Gläubigen brauchen, um Trost und Liebe zu empfinden. Eine Vermenschlichung des Korans würde den Text keinesfalls diskreditieren. Es wäre

im Gegenteil die Würdigung eines Textes, der die Anliegen von Menschen, ihre Verfehlungen und ihre Sehnsüchte dokumentiert.
Vor wenigen Monaten ist mein Vater gestorben. Ich denke jedes Mal an ihn, wenn ich eine dieser bewegenden und mit schöner Stimme vorgetragenen Koran-Passagen höre.

Nachwort

Ich hoffe, ich konnte Ihnen in den vorangegangenen Kapiteln einen Eindruck vermitteln, wie voll »der koranische Supermarkt« ist und wie viele unterschiedliche Waren er für den Leser und den Gläubigen bietet. Diese Waren sind nicht nach einem bestimmten Schema geordnet. Ihr Verfallsdatum ist nicht immer sichtbar und lässt sich manchmal nur erkennen, wenn man die einzelnen Erzählungen in ihren Kontext setzt und anschließend mit der aktuellen Wirklichkeit abgleicht. Nicht alle Muslime gehen dort einkaufen, auch wenn sie den Supermarkt insgesamt gut finden. Diejenigen, die sich in diesen Laden begeben, sind sehr verschieden und haben unterschiedliche Bedürfnisse. Der/die eine fühlt sich angezogen von Passagen, die zu seiner/ihrer Lebenssituation passen und ihn/sie in seinem/ihrem Tun und Denken bestätigen. Der/die andere fühlt sich angezogen von Passagen, die ihm/ihr eine Alternative zu seiner/ihrer aktuellen Lebenssituation bieten, die ihm/ihr helfen, sich abzugrenzen. Ein Muslim/eine Muslima, der/die von Natur aus friedlich ist oder dazu erzogen wurde, sucht sich die Friedenspassagen aus und liest sie als Ausdruck des wahren Islam. Gläubige, die zu Gewalt und Ausgrenzung neigen oder sich selbst ausgegrenzt fühlen, werden vielleicht eher von den Gewaltpassagen angezogen. Bieten sie doch eine vermeintliche Richtlinie, wie man die empfundene oder faktische Ausgrenzung umkehren kann.

Aber wie gesagt: Nicht jeder, der sich in diesem Supermarkt befindet, kauft ein. Viele Muslime hören oder lesen die unterschiedlichen Passagen des Korans, empfinden dabei ein warmes Gefühl der Zugehörigkeit zu etwas Großem, Göttlichem und verspüren dabei dennoch nicht den Drang, den Text, ob friedlich oder gewaltverherrlichend, sofort in die Tat umzusetzen. Nicht jeder Muslim ist ein wandelnder Koran auf zwei Beinen. Auch nicht jeder gläubige Muslim. Genauso wenig, wie ein Christ eine wandelnde Bibel ist. Viele Muslime haben einen ähnlich entspannten Umgang mit ihrer Religion wie Katholiken, evangelisch getaufte Christen oder Juden. Orthodoxe, konservative Traditionalisten gibt es in jeder der großen Weltreligionen, vom Buddhismus vielleicht einmal abgesehen.

Die Christen hatten ihre Kreuzzüge und die Phase des Kolonialismus, in denen man – verkürzt ausgedrückt – nach dem Prinzip verfuhr, erst das Schwert, dann die Bibel. Sie hatten ihre Kirchenspaltung und haben es im Laufe der Zeit doch geschafft, Gräben zu überwinden und sich in der ökumenischen Bewegung wieder zu vereinen, auch wenn es hier noch weiterer Arbeit bedarf.

Die Spaltung zwischen Schiiten und Sunniten besteht bis heute fort, teils stehen sich die Fraktionen unversöhnlicher gegenüber als jemals zuvor. Und der Kampf gegen die Ungläubigen, der laut Koran erst enden darf, wenn diese vernichtet sind, erschwert eine Annäherung zwischen den Religionen. Solange islamistische Kräfte den Krieg in alle Welt tragen und diesen Krieg als Auftrag Gottes verstehen, wird diese Annäherung vielleicht überhaupt nicht möglich sein. Von einer Versöhnung und einem friedlichen Miteinander gar nicht zu reden.

Die »Schuld« an dieser Entwicklung kann man nicht allein dem Koran geben. Man kann auch nicht sagen, der Islam an sich sei per se eine kriegerische Religion. Man kann aber

sehr wohl sagen, dass das von den Exegeten vertretene Prinzip der Abrogation dazu beigetragen hat, dass bestimmte Passagen des Korans eine höhere Bedeutung erlangt haben und andere Textstellen dadurch aufgehoben wurden.
Hinzu kommt der bereits eingangs erwähnte Fakt, dass der Koran nicht als menschliches, sondern als letztgültiges Manifest Gottes gilt, das über Raum und Zeit hinweg Bedeutung hat. Dadurch wird der Text auch nicht als das gesehen, was er aus meiner Sicht über weite Teile war: eine Zustandsbeschreibung der Gemeinde Mohameds, eine Reaktion auf die damaligen Umstände, die persönlichen wie die der jungen Glaubensgemeinschaft.
Wenn man das berücksichtigt, lässt sich der Koran recht klar so unterteilen:

- Es gibt den dokumentarischen Teil, der die Bildung der Gemeinde Mohameds protokolliert und seine Auseinandersetzungen mit den Mekkanern, den Juden und sogar mit seinen eigenen Frauen festhält. Dieser Teil des Korans kann eigentlich nur in seinem historischen Kontext gelesen und verstanden werden; die darin enthaltenen vermeintlich religiösen Aspekte wären demnach politisch-historischer Natur und sollten somit heute keine Gültigkeit mehr haben.
- Es gibt den legislativen Teil, der zum Wohl und zur Verteidigung der Gemeinde Mohameds und zum Teil durch Verhandlung mit einstigen Widersachern entstanden ist. Die teils grauenhaften Körperstrafen für Gegner der Glaubensgemeinschaft mögen vielleicht für die damalige Zeit akzeptabel gewesen sein, weil es keine brauchbaren Alternativen gab. Dass einem diebischen Wiederholungstäter zum Beispiel die rechte Hand abgehackt wurde, lag

auch daran, dass es damals keine Gefängnisse gab und man im Abhacken der »stehlenden Hand« ein wirksames Mittel sah, Hab und Gut der Gemeinde zu schützen. Heute hat der Rechtsstaat andere Mittel und verfügt über ausreichende Einrichtungen, in denen entsprechende Täter hinter Schloss und Riegel gebracht werden können. Insofern haben auch diese koranischen Regelungen in der Jetztzeit ihre Gültigkeit verloren, sie können in der modernen Welt keinen positiven Beitrag mehr zur Sicherheit leisten. Gleiches gilt für die Bestrafung von jenen, die über die Maßen Alkohol konsumieren und Ehebruch begehen. Gleiches gilt auch für das Familienrecht, das Erbrecht, für Kleidervorschriften oder den Umgang mit Zinswucherern. Für die damalige Zeit lieferten die für diese Lebensbereiche aufgestellten Regeln und Gebote notwendige, zum Teil kreative Lösungen. Heute jedoch sorgen sie in jeder modernen, multireligiösen, multiethnischen und vor allem demokratischen Gesellschaft für Irritationen.

- Es gibt den eher lyrischen Teil des Korans mit seinen Propheten-Geschichten und Berichten über Paradies-Genüsse und Höllenqualen, die der ausschmückenden und bunten Erzähltradition der Araber im 7. Jahrhundert entgegenkam. Man sollte sie daher nicht für bare Münze nehmen, sondern eher als Gleichnis verstehen. Die Mystiker haben längst eine Lösung dafür gefunden: Sie spiritualisieren sogar die Höllen-Passagen und verstehen sie als Metaphern. Für sie ist die wirkliche Hölle eher die Trennung von Gott und die Konfrontation mit den eigenen Sünden.
- Es gibt die allgemeinen ethischen Grundsätze wie Gerechtigkeit, Ehrlichkeit, Gleichheit, Solidarität, Bewah-

rung der Schöpfung und ein Hochhalten von Arbeitsmoral und Vertragstreue. Das sind ohne Zweifel wichtige Motivations- und Identitätsstützen – nicht nur für gläubige Muslime. Jede funktionierende Gemeinschaft wird sich auf diese Grundsätze berufen können, egal welchen Glaubens und egal wo auf der Welt. Würden sich Imame und Religionslehrer in ihren Predigten und in ihrem Unterricht stärker auf diese Aspekte konzentrieren, würde deutlich werden, wie groß die Gemeinsamkeiten sind.

- Es gibt die spirituellen Passagen, in denen jeder Gläubige Trost und Hoffnung finden kann. Sie haben zudem in weiten Teilen das Potenzial, auch Nicht-Muslimen spirituelle Inspiration sein zu können.

Doch wie geht man mit den Passagen über den Propheten um? Eine nüchterne und kritische Betrachtung der Worte und Taten des Propheten ist aus meiner Sicht eine absolute Notwendigkeit. Nicht zuletzt deshalb, damit junge Muslime sich gegen die Argumentation der radikalen Gruppen wappnen können. Rattenfänger reden ihnen oft ein schlechtes Gewissen ein, weil sie nicht buchstabengetreu nach den Regeln des Korans leben. Wenn junge Muslime lernen, diese Koranstellen im Kontext zu verstehen, können sie nicht nur ihren Glauben behalten, sondern sich gegen Indoktrinierung wappnen.

Die gleiche Frage stellt sich beim Umgang mit den Friedens- wie auch mit den Gewaltpassagen. Beide sind meiner Auffassung nach im Kontext zu verstehen und können daher keine Allgemeingültigkeit bis zum heutigen Tag und darüber hinaus besitzen. Im Koran gibt es Schwarz und Weiß, Freund und Feind, und wie wir gesehen haben, sind vor allem jene Feind, die nicht mit Mohamed und seinen Getreuen gemeinsame Sache machen wollten. Zwar gibt es auch heute die Tendenz, in einer immer komplizierter empfundenen globalisierten Welt eine solche Unterteilung vorzunehmen. Indes, es wird nicht funktionieren. Die politischen, wirtschaftlichen und gesellschaftlichen Verflechtungen der Länder dieser Erde sind viel zu komplex, als dass man klare schematische Trennungen vornehmen könnte. Wir leben nun einmal in einer multiethnischen und multireligiösen Welt. Der Koran, der mit den Ungläubigen einst Juden und Christen bezeichnete, meint nicht die Juden, Christen und Atheisten von heute. Es waren bestimmte Gruppen, die mit Mohamed erst in Konkurrenz standen und dann im Streit lagen. Der Prophet änderte seine Haltung zu »den Ungläubigen« innerhalb von 23 Jahren je nach Umstand und Kontext mehrfach.

Auf diese differenzierte Sichtweise kann man sich allerdings nur einlassen, wenn man die Göttlichkeit des Textes in Frage stellt oder diese zumindest neutralisiert. Geschieht das nicht, ist/bleibt Gott zeitlos. Er braucht keinen Kontext, sein Wort ist über Zeit und Raum erhaben, und wenn er in seinem letzten Buch und noch dazu in der letzten Sure sagt: »Tötet die Ungläubigen«, dann muss das ein Befehl für alle Zeiten sein.

Wenn man den Text dagegen vermenschlicht, gewinnt er an Würde. Dann kann man die Passagen, die sich auf den historischen Kontext beziehen, richtig einordnen und die allgemeinen Passagen, die spirituelle Kraft vermitteln oder ethisch-soziale Lehren, aktivieren. Bei Fragen des Krieges oder des Friedens kann der Text uns heute nicht mehr weiterhelfen, sondern nur behindern. Wenn man den Korantext gebraucht, um eine Legitimation für den Frieden zu suchen, wertet man diesen Text auf und erkennt seinen politischen

Regulierungsanspruch an. Gleiches gilt, wenn man aus dem Koran eine Legitimation für Gewalt und Verheerung zu ziehen sucht. Der Koran hat mit seinen Friedens- und mit seinen Gewaltpassagen versucht, Mohameds Ringen um die Etablierung einer neuen Religion zu unterstützen. Nicht mehr und nicht weniger. Die Aufrufe, *alle* Ungläubigen zu töten, wo immer man auf sie trifft, haben sehr viel mit der Biographie des Propheten zu tun, der sich in seiner Paranoia ständig von Feinden umgeben sah. Wie sehr er versuchte, seine Allmachtsphantasien umzusetzen, wird gerade am Beispiel der Christen und Juden deutlich. Erst als sie ihn und seine neue Religion nicht uneingeschränkt akzeptieren und unterstützen wollten, wurden die großen Vorbilder in Sachen Monotheismus kurzerhand zu Ungläubigen erklärt.
Der Koran ist nicht nur durch die Form der Offenbarung, sondern auch durch die historischen Fakten untrennbar mit Mohamed verbunden. Nur wenn man diesen Zusammenhang erkennt und den Koran als Reaktion auf bestimmte Situationen betrachtet, kann es gelingen, ihn vom Sockel der Allgemeingültigkeit herunterzuholen. Das gilt für Muslime wie auch für Nicht-Muslime. Denn in dem Moment, wo »das Abendland« dem Koran auch eine politische Dimension zubilligt, braucht man sich nicht zu wundern, wenn Islamisten eben dies für sich in Anspruch nehmen. Für sie wird jenes Buch, das – unter vielen anderen Dingen – den Krieg verherrlicht, Sklaverei und Frauen als Kriegsbeute zulässt und Andersgläubige verflucht, zur Blaupause für Gewalt. Und für den »Rest der Welt« werden die vermummten Kämpfer zur Metapher für »den Islam«.
Das eine ist so einseitig und letztlich falsch wie das andere. Es ist eine Verkürzung, die für beide Seiten bequem ist. Aber auch ein Teufelskreis, der nur schwer zu durchbrechen

ist. Ein erster Schritt wäre es, den Koran als politischen und juristischen Text beiseitezulegen. Dieses Buch hat eine imaginäre politische Utopie geschaffen, die auf Exklusivität und Reinheitswahn aufbaut. Nur mit den Instrumenten der historisch-kritischen Forschung kann man diese Utopie dekonstruieren. Das kann nur gelingen, wenn man eine Distanz zu diesem Text schafft. Die Vorstellung, dass es sich hier um das Wort Gottes handelt, hemmt gerade auch die muslimischen Forscher. Die Drohungen der Fanatiker und die Angst, die Gefühle der Gläubigen zu verletzen, schaffen eine undurchdringliche Mauer, sie ziehen sozusagen einen Stacheldraht um den Text. Diese Mauer muss durchbrochen werden, durch Wissen, Mut und Ehrlichkeit!

Europa hat sich von der Übermacht der Religion und von der Inquisition des Mittelalters erst dadurch befreit, dass die Kultur der Fragen die Kultur der fertigen Antworten ersetzt hatte. Zweifel und kritisches Denken haben eine Wissensrevolution in Gang gesetzt, von der die ganze Welt profitierte. Dadurch verschwand das Christentum nicht. Es wurde nur von der Last der Politik befreit. Eine der größten Leistungen der Moderne war es, dass sie den einzelnen Menschen in die Lage versetzen konnte, sich von der eigenen Herkunft, Religion und Nation distanzieren zu können, um einen kritischen Blick darauf zu werfen. Dabei ging es nicht darum, Konzepte von Herkunft, Religion und Nation abzulehnen, sondern das Individuum immun gegen Vereinnahmung, Bevormundung und Fanatismus zu machen. Nur wer sich kritisch mit sich, der Gesellschaft und kulturell-religiösen Konzepten auseinandersetzt, wird erkennen, dass es kein Schwarz und Weiß gibt. Zweiteilungen wie gut und böse, gläubig und ungläubig, falsch und richtig, die und wir können keinen Bestand haben. Sie passen auch nicht zu einer offenen Gesellschaft, die wir doch eigentlich schützen wollen.

Deshalb sollte man in Deutschland (und überall in der westlichen Welt) verhindern, dass das Thema Islam vom rechten Rand instrumentalisiert wird. Das heißt aber auch, dass offen über tatsächliche Problemfelder gesprochen wird. Einige habe ich in diesem Buch angerissen. Fundamentalismus, Frauenverachtung und sexuelle Belästigung, Integrationsverweigerung, Parallelgesellschaften und Terror – all das gibt es. Das vertuschen und schönreden zu wollen macht es nur noch schlimmer und ignoriert die Tausenden von Muslimen und Muslimas, die hier seit Generationen friedlich leben.

Genauso, wie die oft »schweigende Mitte« der westlichen Gesellschaften jetzt gefragt ist, ist nun auch die Mitte der muslimischen Gemeinden gefragt. Es ist nicht mehr damit getan, nach einem Anschlag darauf zu verweisen, diese Radikalen würden den Islam missbrauchen, das sei nicht der wahre Islam. Sie würden den Koran falsch verstehen oder zitieren, denn … All das führt zu jener Situation, die ich in der Einleitung skizziert habe. Man findet im Koran nun einmal Belege für alles.

Kritiker können über den Koran schreiben, was sie wollen. Es liegt nicht in ihrer Hand, sondern in der Hand der gläubigen Muslime selbst, was sie aus diesem Buch machen. Wollen sie den Koran wie bislang als unantastbar betrachten und jede Kritik an ihm als Angriff gegen ihre Gefühle werten, dann unterstützen sie ungewollt die Fanatiker, die im Namen des Korans töten, Christen verfolgen und vertreiben. Wollen sie den Koran für Kritik und Forschung öffnen, dann gibt es vielleicht eine Chance für Reformen. Nicht der Koran würde dadurch reformiert werden, sondern das Denken der Muslime und ihre Haltung zum heiligen Text.

Im Koran sind beide Botschaften enthalten: die Botschaft der Liebe und die Botschaft des Hasses. Es ist allein die Entscheidung der Muslime, welche Botschaft Geltung haben sollte. Terroristen glauben, sie seien mutig, wenn sie sich im Namen Allahs, des Propheten und des Korans in die Luft jagen. Mutiger wären aus meiner Sicht jedoch Muslime, die den Koran vom Sockel des Unantastbar-Allgemeingültigen herunterholen und ihn vermenschlichen würden. Nur so kann die Botschaft der Liebe und der Achtung Gehör finden.

Die Entscheidung liegt bei den Menschen. Die Antworten auf die Fragen nach der Zukunft und der Richtung des Islam werden nicht vom Himmel fallen!

Anhang

Bibliographie

Abdel-Samad, Hamed: Mohamed. Eine Abrechnung, Droemer Verlag 2015

Abu Dawūd, Al-Hafez Sulaiman al-Sijistani, Al-Albani, Mohamed Nasser addin (Hrsg.): Sahih Sunan abi Dawūd, Riad 1998

Al-Balathiri, Ahmed Ibn Yahia/Riad Zarkali (Hrsg): ansab al-ashraf; Suhail Zakkar, Beirut 1996

Al-Bukhari, Mohamed Ibn Ismael: Sahīh al-Bukhari, Beirut 1982

Al-Dhahabi, Mohamed Ibn Ahmed Ibn Othman, Shua'aib Al-arnau't (Hrsg.): Siyar a'alam al-nubalaa', mu'assassat al-risala, 7. Auflage, Beirut 1990

Al-Nais Abūri, Muhammad Ibn Abdūllah al-Hakim: Al-mustadrak a'la al-sahihin, Beirut 1998

Al-Nawawi, Yahia Ibn Sharaf: Sahīh Muslim, Wahba al-Ruheli (Hrsg.), 6 Bände, Beirut 1996

Al-Qurtubi, Shams ad-din: Al-jami'i li ahkam al-qur'aun, Kairo 1935

Al-Qushairi, Muslim Ibn al-Hajjaj: Sahīh Muslim, Abdel-Baqi, Mohamed (Hrsg.), 1. Auflage, Beirut 1955

Al-Razi, Fakhr ad-Din: At-tafsir al-kabir, 16 Bände, Beirut 2003

Al-Tabari, Muhammad Ibn Jarir: Tarikh al-tabari, tarikh al-umam wal-muluk, Beirut 1988, Band 1–3

Al-Tabari, Muhammad Ibn Jarir: Jami' al-bayaan aai al-qura'an (tafsir al-tabari), Shaker, Mohamed (Hrsg.), Beirut 2000

Al-Tabari, Muhib as-Din: As-samt ath-thamin manaqib ummahat al-mu'minin, Mekka 1988

Al-Tirmidhi, Mohamed Ibn Isa Ibn sura, Shaker, Mohamed

(Hrsg.): Al-jami'i al-sahih, sunan al-tirmidhi, dar al-kutub al-ilmiya, 1. Auflage, Beirut 1978

Al-Waqidi, Mohamed Ibn Omar: Al-maghazi, Beirut 1989

Al-Ya'qubi, Ahmed Ibn Ishāq: Tarikh al-ya'qubi, Band 1–2, Beirut 1995

An-nisaa'i, Abu-Abdel-Rahman: sunan an-nisaa'i (al-mujtana min as-sunan), Dar al-Taa'sil, Kairo 2012

Asad, Muhammad: Die Botschaft des Korans. Übersetzung und Kommentar, Patmos-Verlag 2009

Brenner, Michael: Kleine jüdische Geschichte, C.H. Beck Verlag 2008

Crone, Patricia/Cook, Michael: Hagarism. The Making of the Islamic World, Cambridge University Press 1980

Henning, Max: Der Koran, Vollständige Ausgabe, Nikol Verlag 2010

Ibn al-Athir, Ezz ad-din: Asad al-ghabah maa'rifat as-sahaba, Kairo 1970

Ibn Hanbal, Ahmed: Al-musnad, Dar al-Hadith, Kairo 1995

Ibn Hazm, Mohamed Ibn Said: Jamharat ansab al-a'arab, Kairo 1971

Ibn Hischām, Abd al-Malik/Mohamed Nabil Tari (Hrsg.): As-sira an-nabawiyya, Dar Sader, Beirut 2006

Ibn Hischām, Abd al-Malik: Sirat an-nabi, Dar al-Sahaba, Tanta 1995

Ibn Kathīr, Ismael Ibn Omar/Abdullah al-Turki (Hrsg.): Al-bidaia wan-nihaya, 20 Bände, Beirut 2003

Ibn Kathīr, Ismael Ibn Omar/Mustafa Abdel-Wahed (Hrsg.): As-sira an-nabawiya, Beirut 1993

Ibn Kathīr, Ismael Ibn Omar: tafsīr al-qura'an al-a'azim, Kairo 1999

Ibn Manzur, Muhammad Ibn Makram: Lisan al-a'rab, Beirut 1994

Ibn Manzur, Muhammad Ibn Makram: Mukhtasar tarikh dimashq, Damaskus 1984

Ibn Rajab al-Hanbali: jamii' al-u'luum wal-hikam, Kairo 2001

Ibn Sa'ad, Mohamed/Ali Mohamed Omar (Hrsg.): Al-tabaqat al-kabir, Kairo 2001

Ibn Shabbah, Omar: Tarikh al-madinah al-munawwarah, Jeddeh 1979

Jansen, Hans: Mohammed: Eine Biographie, C. H. Beck Verlag 2008

Küng, Hans: Der Islam, 4. Auflage, Piper Verlag 2006

Luxenberg, Christoph: Die syro-aramäische Lesart des Koran. Ein Beitrag zur Entschlüsselung der Koransprache, 3. Auflage, Schiler Verlag 2007

Margoliouth, David Samuel: Mohammed and the Rise of Islam, Putnam 1905

Nagel, Tilman: Die islamische Welt bis 1500, Oldenbourg Wissenschaftsverlag 1998

Nagel, Tilman: Mohammed. Leben und Legende, Oldenbourg Wissenschaftsverlag 2008

Nagel, Tilman: Mohammed. Zwanzig Kapitel über den Propheten der Muslime, Oldenbourg Wissenschaftsverlag 2010

Neuwirth, Angelika: Der Koran als Text der Spätantike. Ein europäischer Zugang, 3. Auflage, Verlag der Weltreligionen im Insel Verlag 2010

Ohlig, Karl-Heinz (Hrsg.): Der frühe Islam. Eine historisch-kritische Rekonstruktion anhand zeitgenössischer Quellen, 2. Auflage, Schiler Verlag 2010

Ohlig, Karl-Heinz/Puin, Gerd: Die dunklen Anfänge: Neue Forschungen zur Entstehung und frühen Geschichte des Islam, 3. Auflage, Schiler Verlag 2006

Paret, Rudi: Der Koran, Kohlhammer Verlag 2006

Sadeghi, Behnam/Bergmann, Uwe: The Codex of a Companion of the Prophet and the Qur'ān of the Prophet, *Arabica,* Volume 57, Nr. 4, 2010

Sadeghian, Abbas: Sword & Seizure. Muhammad's Epilepsy & Creation of Islam, Annotation Press 2006

Watt, W. Montgomery: Muhammad. Prophet and Statesman, Oxford University Press 1961

Wehr, Hans: Arabisches Wörterbuch für die Schriftsprache der Gegenwart: Arabisch – Deutsch, 5. Auflage, Harrasowitz Verlag 2011

Danksagung

Mein herzlicher Dank geht an meine Lektorin für die wie immer herausragende Arbeit! Ohne ihren Einsatz und ihre Anregungen wäre dieses Buch nicht denkbar.
Dank auch an Alexander Simon und Stefan U. Meyer für ihre Unterstützung.

Anmerkungen

1 Sahīh al-Bukhāri: Hadith Nr. 3
2 Sahīh Muslim, Hadith Nr. 1464
3 al-Tabari: tafsīr, Sure 111
4 Übersetzung Rudi Paret, bei Henning fehlt diese Stelle
5 al-Tabari: tafsīr, Sure 49:13
6 al-Qurtubi: tafsīr, Sure 49:13
7 al-Bukhari: sahih, Hadith Nr. 3383
8 al-Tabari: tafsīr, Sure 9:73
9 al-Tabari: tafsīr, Sure 16:125
10 al-Tabari: tafsīr, Sure 7:199
11 sunan al-nisaai'i, Hadith Nr. 4067
12 al-Tabari: tafsīr, Sure 2:256
13 al-Qurtubi: tafsīr, Sure 60:8-9
14 Ibn Kathīr: tafsīr, Sure 60:8-9
15 Sahīh al-Bukhāri: Hadith Nr. 6420
16 Ibn Rajab al-Hanbali: jamii' al.u'luum wal-hikam, 1:147; Kairo 2001
17 al-Tabari: tafsīr, Sure 15:85
18 al-Tabari: tafsīr, Sure 8:60
19 al-Tabari: tafsīr, Sure 10:25
20 Ibn Kathīr: tafsīr, Sure 2:122
21 al-Tabari: tafsīr, Sure 26:57
22 Hans Küng: Der Islam, S. 152 f.
23 al-Nawawī: Sahīh Muslim, Hadith Nr. 2922
24 Ibn Kathīr: tafsīr, Sure 1
25 al-Tabari: tafsīr, Sure 1
26 al-Tabari: tafsīr, Sure 4:34; Ibn Kathīr: tafsīr, Sure 4:34
27 Sahīh Muslim: Hadith Nr. 3201

28 Sahīh Muslim, Hadith Nr. 73

29 Sunan abi dawuud, Hadith Nr. 4462; Sunan al-turmuthi, Hadith Nr. 1456 und Sunan ibn maja, Hadith Nr. 2561

30 Al-Tabarani: al-awast, Hadith Nr. 8567

Hamed Abdel-Samad

Mohamed

Eine Abrechnung

Die islamische Welt krankt an der kritiklosen Verehrung Mohameds.
Islamistischer Fundamentalismus und Intoleranz sind eine Folge der Überhöhung von Koran und Mohamed. Erst wenn Muslime es wagen, Mohameds Unantastbarkeit in Frage zu stellen und ihn Mensch werden zu lassen, beginnt eine Reform des Denkens. Erst wenn sie Mohamed als den schwierigen, widersprüchlichen, wohl auch kranken Menschen sehen, der er war.
Hamed Abdel-Samad wird mit scharfem, schonungslosem Blick der historischen Figur Mohamed gerecht und dem »Propheten«, der sein Leben über viele Jahre bestimmt hat.

> »Hamed Abdel-Samad war einst ein Islamist. Inzwischen bekämpft der Publizist jedoch mit heiligem Furor das, wofür er einst stand. Er ist ein ägyptischer Salman Rushdie.«
>
> *Süddeutsche Zeitung*

DROEMER